40

60

WINDY

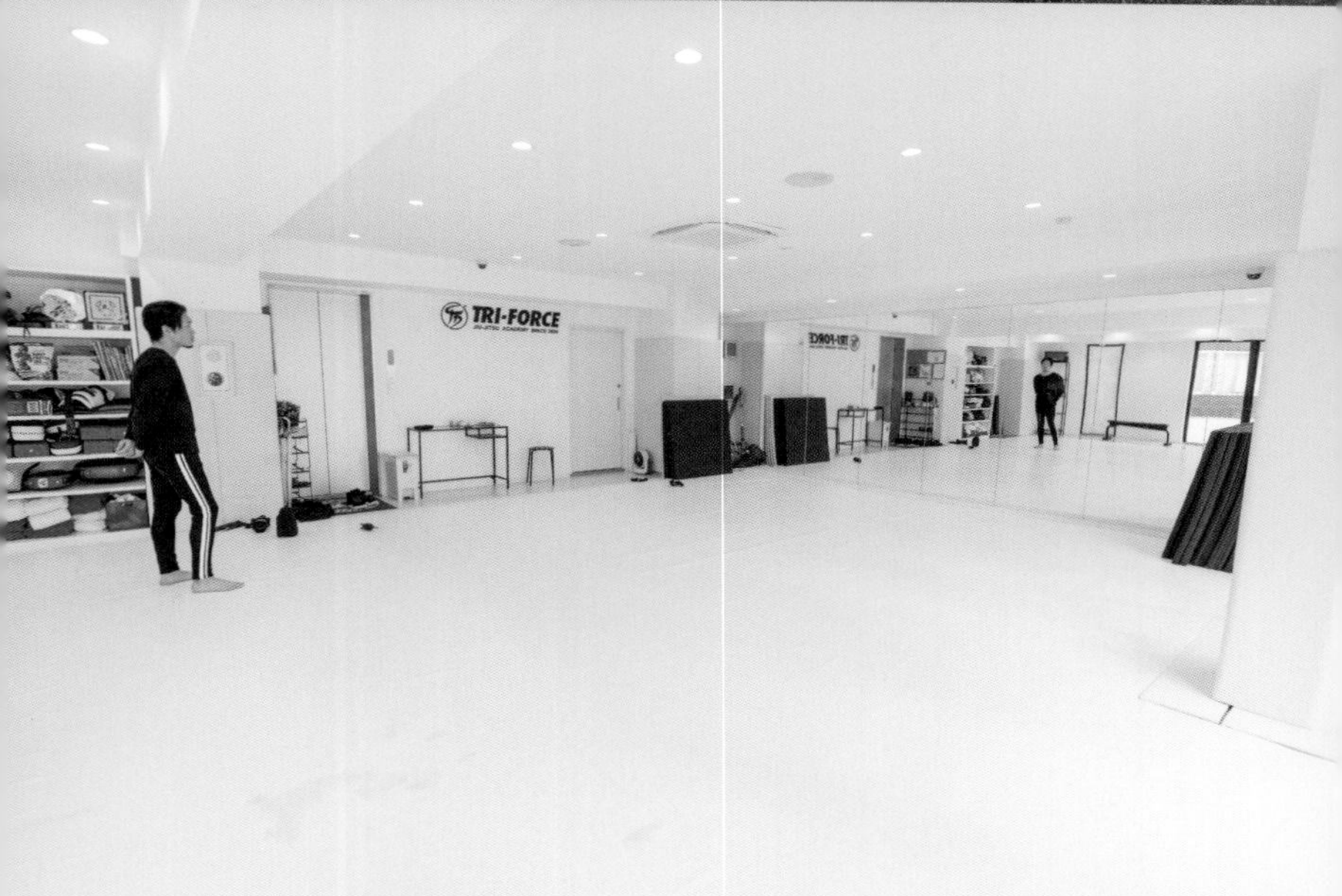

トライフォース赤坂／ヒートジム赤坂にて撮影

強者の流儀

朝倉未来

KADOKAWA

はじめに

みなさまごきげんよう。朝倉未来です。

以前から僕を知っていたみなさん、いつもお世話になっております。この本で初めて出会う方には、初めまして。今後とも、どうぞよろしくお願いします。

今、この本を読んでいるあなたは、どういう形で本書に興味を持たれたのでしょうか。RIZINを舞台に活動する、総合格闘家としての僕を知っていたからか。またはYouTuberとして日々活動している朝倉未来に親しんでいたのか。それとも、『強者の流儀』というタイトルに惹かれて、なんとなく手に取ってしまったのか。

どういうきっかけでも、どんな人でも、大丈夫です。

きっとこの本を読むことで、朝倉未来の頭の中なり、試合への取り組み方だったり、YouTuberとして活動する上でのコツだったり、あるいはもっと抽象的に、物事に動じずにいるためにはどうしたらいいかということだったり……。何かしらあなたが期待するものを持ち帰ってもらえると思います。

では、この本はどういう内容なのかを説明します。

この本は、僕が普段考えていることを初めて明かしたものです。

もちろん、断片的には取材の記事や動画でのコメントで触れている部分もありますが、まとまった形で世に出るのは初めてです。

だから、もし僕の活動や発言に興味を持ってくれていた人だったら、本書を読むことで、より僕という人間や僕の活動への理解が深まると思います。


と言っても、僕が何か特別な秘密を隠していたということではありません。

昔から自分が当たり前だと思っていたことや、やってきたこと、それから日々の積み重ねの中で気づいたことを、本書で改めて文章にしてみたというだけのことです。

ですが、当たり前に見えることだからこそ大事であり、日々の積み重ねとして続けていくことが難しいというのも、僕はこれまでの経験によって痛感しています。


ところで、もしかしたら僕のことを、非常に冷静で意志が強い、と思っている人もいるのではないでしょうか。

確かに性格的には、あまり物事にオーバーなリアクションを取ったりすることはありません。だから、冷静だと言われればそうだと答えることになりそうです。

けれども、意志が強いかと言われれば、決してそんなことはありません。むしろ、僕は自分が人よりも意志が弱いと思っています。

それどころか、人間としては弱点だらけで、とても一人では生きていけない。それだけ脆弱《ぜいじゃく》な存在だと、自分では思っているほどです。

こういう話をすると、嘘だろ、と訝《いぶか》しむ人もいることでしょう。特に、たった一人でリングの上に立って命をかけなければならない、総合格闘家として第一線にいるというのに、他の人たちよりも意志が弱いなんてことはありえない。……そういう風に思われることもあると思います。

けれども、それは本当なんです。

僕は意志が弱く、非常に飽きっぽくて、一つのことをやり通すなんてほとんどできませんでした。

そんな僕でも、総合格闘家として成果を上げ、一年未満でチャンネル登録者数七〇万人を超えるYouTuberになることができた。

その背景には、僕なりの様々な工夫や考えがありました。

それが日々の習慣として血肉化し、積み重なっていったからこそ、現在があると思っています。

もちろん、目標を達成することは容易なことではありません。

RIZINのリングに上がることも、THE OUTSIDERで二階級制覇することも、ただぼうっと生きているだけではとても成し得ないことでした。


高い目標を設定すると、当然ですが、簡単には達成することができません。

時には、自分の無力さに打ちひしがれて、諦めかけてしまうこともあるでしょう。

けれども、諦めずに取り組み、最後まで食らいついて成功させれば、全てが成功だったことになります。途中の苦労は、成功のためのステップだったことになり、失敗ではなくなるんです。


この本には『強者の流儀』と銘打ちました。

自分のことを強者と言ってしまうのは微妙ですが、少なくとも、強くあろうと思っていることは確かです。そうでなければ、総合格闘技のリングに上がり、闘い、そして、勝ち続けることはできません。

言わば、この本に書いているのは、何もしないでいたら弱い存在である僕が、それでも強くあり続けるために持ち続けている考え方であり、習慣です。

だからこそ、ここに書いている内容は、僕という人間や総合格闘技に興味がある人だけでなく、自分の人生を、自分の意志で決断し切り拓いていきたいという人や、弱い自分を克服したいと思っている人であれば、学生だとか社会人だとか、あるいは真面目だとか不良だとかいったことにかかわらず、きっとヒントになるものだと考えています。

人はよく、変わりたいと思うようです。

それは、現状に満足しておらず、より成長したいと願っているからでしょう。

そして、自分の思いとは裏腹に、変わるということが難しいと、自分自身で痛感しているからでもあるのだと思います。

変わったことを証明するためには、長い期間がかかるかもしれません。なぜなら、他人の評価を覆さなければならないからです。

けれども、変わるのを始めることは、この本を手に取った、今、この瞬間からでもできます。

僕という人間の成り立ちや考えを知るだけに飽き足らず、そこから学んで、自分の人生に取り入れたいと思うなら、僕はあなたの背中を押したいと思います。

もちろん、ただ読むだけで楽しんでもらえることも目指しました。

読んでよかったと感じてもらえれば、僕としてはこれほど嬉しいことはありません。

朝倉未来とは何者か

本書で初めて僕のことを知るという方のために、簡単に自己紹介をしておこうと思います。

僕は一九九二年七月一五日に愛知県豊橋市で生まれました。父は設備関連の職人で、母は看護師でした。下には同じく総合格闘家をしている弟の海と、妹がいます。

小さい頃から、発想といい身体能力といい、周りの人たちとはちょっと変わった子どもだったようです。頭の回転が速いせいか、物怖じしない性格に育ちました。想定外のことが起きてもすぐに理解したり対処を思いついたりしていました。格闘技をやる上でも、こういう性格は役立っていると思います。

小学生になると空手と相撲を始めました。小さい頃から、強くなりたいと思っていたんです。体力もあって、マラソン大会ではいつも優勝していましたし、空手の大会でも全国二位にまではなりました。

中学生くらいから、いわゆる不良の道に入りました。なりたくてなったわけではなく、親や学校、先輩などからの押しつけや、社会に対する違和感に反発していたら、いつのまにか不良と呼ばれていたんです。

具体的なところで言うと、中学生になると、それまで仲が良かった年上の友達が、敬語を強要してくるようになりました。年齢が上というだけで、急に上下関係を押し付けてきたんです。僕はそれに納得できなかったので、常に反発していましたし、もちろん敬語なんて使いませんでした。

それで目をつけられて、中学二年生の頃に先輩に絡まれたことがあります。相手は十人でやってきたんですけど、まとめてかかってきてもいいよということでトイレで喧嘩をしました。僕が勝ったんですけどね。そのときの相手の代表格が岡くんという人で、後にとても大事な友達になりました。

先輩たちは生意気な僕のことが気に入らなかったので、高校に上がってもよく喧嘩を売りに来ていました。僕はと言えば、むしろ先輩たちが高校に上がってしまって、寂しさを感じていたんです。

同年代とは馴染めず、後輩と絡むようなタイプでもなかった僕は、いつも一人でいました。先輩たちとの喧嘩にも飽きていた僕は、彼らと仲良くなろうよと持ちかけました。地元も一緒なんだし、一緒に遊ぼうよ、と。

それからは彼らと一緒によく遊ぶようになりますが、地元には不良のような人がうようよしていたこともあって、自分から喧嘩を売っていたつもりはないのに、めちゃめちゃ売られまくっていました。そして、それは全て買ってきました。

そんな中、ある日暴走族から喧嘩を売られて、最終的に二人対五十人で戦ったことがありました。そのとき一人だけ一緒に戦ってくれたのが、後に僕のYouTubeメンバーとなる吉田くんという人です。彼も、とても大切な友達です。ちなみに岡くんもその場にいたのですが、彼はいち早く逃げてしまいました。

暴走族に袋叩きにあって、さすがの僕もボコボコにされてしまいました。めちゃめちゃムカついていました。二人対五十人でなければ勝てないはずはないのに。そう思った僕は、暴走族の連中とタイマンをするために、自分も暴走族に入ることを決意します。背後に同じような組織がないから、なめられて袋叩きにされると考えたんです。

この考え方は当たっていて、自分が暴走族に入った後は、喧嘩を売ってくる暴走族やヤンキーとも一人対一人か一人対二人で喧嘩ができるようになりました。そうして、次々と現れてくる挑戦者を僕は倒し続けました。

そもそも僕は暴走族が嫌いでした。なぜなら、集団で一人を虐めるような卑怯者の集団だと思っていたからです。実際そうでしたね。窃盗のような犯罪にも手を染めるし。別に暴走族でなくても卑怯者は嫌いです。悪事をすることには何の興味もなかったし、よくないと思っていたから、仲間にも後輩にもさせませんでした。

ただ、バイクに乗ることだけは気持ちよかった。風と、それから自由を感じられていました。


いつの頃からか、僕は生きる意味を見失っていました。

人生がつまらなくて、いつ死んでも構わないと思っていました。

だからこそ喧嘩に明け暮れていたし、夢中になってバイクに乗っていました。

家族に迷惑をかけていたとしても、死んだらどうせ関係ないと思っていました。

むしろ、喧嘩をしているときだけ生を感じることができていました。時には武器を持ってやってくるような相手との危険な喧嘩だからこそ、たまらなく楽しかった。


けれど、そんな生活が続くわけもなく。


高校に上がった少し後に警察に捕まって、そのまま少年院に入ることになりました。

今振り返れば、無責任なことをしていたと思います。けれど、自分で選んだ生き方を否定するのが嫌だった。

口先だけで反省した振りをして、誤魔化して保護観察を狙うなんて考えられなかった。やり方は間違っていたかもしれないけれど、自由が欲しいという自分の根本的な気持ちは決して間違っていないと思っていました。

そして僕は、無責任な自由ではなく、責任のある自由を模索していくことになります。

一年四ヶ月に渡る鑑別所と少年院での生活で、色々なことを考えました。

僕の実感では、不良にはは人間としていいやつが多いんです。それなのに、家庭環境や地域の治安の問題で、本当は不良にならなくてもよかったはずなのに不良になってしまった――ならざるを得なかったような人たちが結構います。そういうところにいると善悪の感覚も麻痺してしまう。

この環境から隔離されたことで、僕も色々気付くことがありました。自分がしていたことには間違いもあったんだとか、毎日喧嘩をするのは普通のことではないんだとか、もっと別の世界があるんだとか。

だから、僕もこれまでと同じことをし続けるのは違うな、と考えるようになりました。少年院に入っている間に様々な本を読み、他の人の人生や様々な世界観に触れたので、自分を見つめ直すきっかけになりました。

それから、友達の大切さも改めて知ることができました。岡くんは、鑑別所にいた自分に手紙を書いてくれて、僕もすぐ返信をしました。とても嬉しかった。自分で選んで少年院に入ることにしたけれど、また岡くんたちと一緒に外で遊びたかったし、彼らにも少年院や刑務所に入るようなことはしてほしくなかった。

家族もよく面会しに来てくれました。そういう中で、親を悲しませていたのだなとか、そういうことを考えるようにもなりました。毎月面会に来てくれていた弟の海からは、色々なヤンキーに喧嘩を売られているから、早く出てきて助けてくれと言われていました。

そんなあるとき、THE OUTSIDERの存在を知りました。「不良達ヨ、覚醒セヨ」という触れ込みで、プロ格闘家ではない不良たちを集めた格闘技大会です。アマチュア大会ではありましたが、どちらかと言えばメジャーな格闘技の人気が下火だったため、当時としては随一の、全国的な知名度を持っていました。

その大会に、なんとあの岡くんが出ようとしているというのを、面会に来た母親から聞いたんです。それを聞いて「俺も出たい」と思いました。少年院に入っている間に、格闘家になりたいという夢を持つようになっていたんです。

後に、岡くんのその動きは、実は僕をTHE OUTSIDERに出場させるための振りだったということも知りました。

出院してすぐに岡くんの家に行きました。そこでTHE OUTSIDERの試合を収めたDVDを見せてもらいました。それを見て僕は「勝てるな」と思いました。

そこから僕の格闘家人生が始まります。もう喧嘩で家族を悲しませたくなかったし、みんなに応援されてリング上で戦い、観客を熱狂させる格闘家の姿に憧れました。それが十八歳くらいの頃のことです。

もちろん、勝てると思っていたそのままの状態で実際に勝てたわけではなかったんですよね。総合格闘技をやろうと思って街のジムに入門したところ、所属選手に全然太刀打ちできなかった。練習を積んだ総合格闘家と路上の喧嘩師の間には技術的な差があったんです。

そうして総合格闘技の練習に打ち込むようになり、二〇一三年、二十歳のときに地元の格闘技大会でデビューしました。そしてその実績により、念願のTHE OUTSIDERへの参戦を実現します。

連勝街道を歩んだ僕は、二〇一五年に、前人未到で今のところ史上唯一の、THE OUTSIDER二階級制覇を達成します。同じくTHE OUTSIDERに参戦していた弟の海も、一足早く下の階級のチャンピオンになっており、〝朝倉兄弟〟の二つ名が、格闘技界に轟き始めていました。

しかし、所詮は不良でアマチュアを集めた大会だろうという蔑視もありました。だからそんなイメージを払拭したかったし、僕自身もより高いステージで、それこそ大晦日に地上波で中継されるような試合をしたいという夢を持ち始めていました。

約二年後、その夢は叶います。韓国の総合格闘技大会ROAD FCへの参戦を経て、二〇一八年、日本最高峰の総合格闘技団体RIZINに参戦します。二〇一八年八月のことです。

大晦日にテレビに映る試合をするという夢も叶えました。二〇一九年末には海外のメジャー団体Bellatorとの対抗戦でRIZIN側総大将となり、生中継で試合をしました。そしてそれも勝利を収め、RIZINでも六戦全勝という大きな成果を手にしました。

僕の活動でもう一つ重要なのは、二〇一九年五月から始めたYouTubeチャンネルです。

自分の考えたことがそのまま結果として現れる、厳しいけれど理想的な職業です。RIZINでの戦績で山を越えたと思った僕は、このYouTube活動というもう一つの挑戦を始めることにしました。

幸運にも、その成果はすぐに現れました。チャンネルを初めて最初の月に四百万円もの収入を獲得することに成功し、二〇二〇年一月末時点で、チャンネル登録者数七三万人、総視聴回数一億二千万回を記録しました。

活動開始から一年でチャンネル登録者数一〇〇万人突破することを目指していますが、このままなら十分に達成できそうです。

二〇二〇年はYouTube活動に力を入れようと思っていましたが、ファンのみなさんやRIZINからの強い期待もあり、格闘家としてもより高みを目指していくことに決めました。

ここから先の戦いでは、本当に世界トップレベルの猛者しかいないでしょう。僕があとどれくらい格闘家として現役でいられるかはわかりません。これまで以上に覚悟を決めて歩んでいきます。もちろん、YouTubeの活動でもさらに上を目指していきます。どうか僕のことを応援し、これからもついてきてください。

ちょっと長くなってしまいましたが、もっと詳しいところは、いずれ自伝でも出して語ることにしましょう。

じゃあ、そろそろ始めましょうか。

目次

第二章 強者の準備

第三章　強者のメンタル

第四章　強者のYouTube

第五章 強者の人間関係

カバーデザイン◎小口翔平＋三沢稜（tobufune）
本文デザイン◎森健晃
撮影◎村上裕一

強くあるための
日常の心がけとは？

The way of Mikuru Asakura

第一章

強者の流儀

そもそも強さとは何か

強さと一口に言っても色々あるじゃないか、と思いますよね。

確かに、格闘技の試合に臨む上で求められる強さと、日常生活の上での強さは、ちょっと毛並みが違います。

ですが、実はその両方に共通する重要なポイントがあるんです。もしかしたらそれは、あらゆる場面・あらゆる人に対して共通するものかもしれない。

それくらい僕が重要だと思っているポイントがあります。

それが、自分を客観視する、ということです。

自分を客観視できれば、自分の強みや弱みを的確に把握できます。

孫子の言葉に「敵を知り己を知れば百戦殆からず」というものがありますが、敵を知るだけでなく、自分を知ることがとても大切です。

自信を持つことは大切なんですが、自分の強みばかりに目を向けて、俺は最強だ、なんて思い込んでいるのは過信です。そうすると自分の弱点を突かれて敗北なり失敗なりをしてしまいます。しかも、その原因である弱点から目を背けているから、改善ができない。

他方で、自分の弱みにばかり注目してしまうのも考えものです。そうすると過剰に自虐的になってしまう。

本当に弱みしかないんだったら仕方ないし、また別の問題だと思うんですが、実際にその可能性は低い。何かしら人に評価されていたり、得意だったりする分野があるはずです。

それを自分で分かった上で弱さを受け止めるならいいんですが、自分なんてどうせ弱いんだ、という風にふてくされてしまうとまずい。

弱みにばかり注目する人は、謙虚なように見えて、実は自分を客観視することができていないだけなんです。

もしかしたら、客観視してしまった結果、本当に自分には何もないということが分かってしまうかもしれなくて、それが怖いのかもしれないですね。

でも、自分に強みがあるのなら、それを生かして物事に取り組めばいいんだし、弱みしかないのだったら、その中で何かを選んで弱みを潰せばいいんですよ。

客観視をしたからといって、何かを失うわけじゃない。

むしろ、正しく前に進むために必要な手段だと思います。

強い人は自分を客観視できますが、むしろ強くなるために、自分を客観視する必要があるんです。

客観視の大切さについては、これからも何回か繰り返し語ります。

強い人には余裕がある

これは日常のことだけではなく、格闘技においても言えることですが、余裕がある人には強さを感じますね。

もちろん、余裕がある風に演じているだけかもしれないのですが、虚勢を張っているだけだなと思われないレベルで演じることができているなら十分でしょう。

じゃあ**余裕があるとはどういうことかというと、日常的なところでは、あまり怒らない、動じないということ**だと思います。

みなさんの周りに、やたら怒っている人はいませんか？

そういう人に限って、年齢が下だったり、部下だったり、飲食店の従業員だったりといった、立場が弱いとされるような人に向かって喚いているような気がしませんか。

そういう人は、考え違いをしているか卑怯かなんですよね。

たとえばその人は、自分が所属している会社に戻ったら重役かもしれないし社長かもしれない。だからと言って、そういう**会社の中でのルールを勝手に外に持ち出して偉そうにしていたら、これは勘違い**です。

自分が社長でなくても、飲食店やガソリンスタンドに行くと、まるで社長のように振る舞う人っていますよね。

客はお金を支払う方だから、勝手に自分の方が立場が上だと思い込んでいるのかもしれませんが、別にそんなことはない。

少なくとも、偉そうに振る舞って、大した落ち度のない店員に高圧的に振る舞う理由にはなりません。


お店とお客の関係以外でもこういうことはありえますよね。

仕事関係や友人関係の中で、些細なミスが生じることがあります。

待ち合わせの時間に遅れてきたり、手違いで連絡をしていなかったり、すると約束したことをしていなかったり……。

中には、もしかしたら些細とは言えないものもあるかもしれないですが、結果的に人に迷惑をかけてしまうことはありえるでしょう。

自分が人に迷惑をかける立場だったら、当然しない方がいいに決まっているし、自分が悪いんだったら、謝ったり打開策や埋め合わせを考えたりするべきです。


ところが、客観的に見てそこまで大したことではないのに、言うならば**足元を見て**

怒ってくるような人がいます。

相手の弱みを見つけたからそこを突いていこう、というのは、相手と何か勝負をしているなら有効なことだし、そういうことができるのであればむしろ賢いということになるのかもしれません。ただ、そういう人と普段から付き合っていきたいかどうかは別問題ですね。

かと言って、狙って弱みを突いていなかったとしたら、つまり直情的に怒っていたら問題がないかというと、そうではないというのがここまで言ってきたことです。

怒って問題が解決するならそれをしてもいいのかもしれないですが、そういうケースは少ないのではないでしょうか。

そんなに大したことではないのに、不釣り合いな怒られ方をされたら、反省をするどころか相手に対する反感が募ってしまうかもしれません。

怒りが正当だとしても、怒っているだけでは解決策を与えているわけでもないですから、次から同じようなことが起こらないようにするために役立っているかというと、そうではないですよね。

怒っている方からしても、意図して怒っているんでなければ、非常に損だし不幸なことですよ。だって、すでに起こってしまったことに囚われて、イライラしてしまっているわけですから。

時間というのは巻き戻らないので、起こってしまったことのためにイライラして、悪い気分のまま時間を使ってしまうというのが一番不幸です。

そういう点では、**人を許せる余裕があるということが、強さ**なんだと思います。

ネガティブをポジティブに変える

僕はよく冷静だと言われますが、僕自身も自分は冷静だなと思っています。

日常生活でトラブルが起きても、あまりパニックになったりしません。

ところが、怒りっぽい人がいるように、パニックになりやすい人もいますよね。ただ焦っているだけでなく、失敗を人のせいにしたり、「もう全部ダメだ!」と捨て鉢になってしまったり。

こういう人たちは、起こったことを受け止めきれず、現実逃避してしまっているんです。

僕はそういうときは、**常に現状を修復するための策をどんどん考えていきます**。黙っていても現状は変わらないですし、それで問題に振り回されていたらよくないですよね。

小さな例ですが、たとえば先日、他の人といっしょにYouTubeの企画を撮影するという予定があったんですよ。

ところが、当日になって撮影がなくなってしまった。

これは僕に瑕疵が一切なかったので、それだけに「何だよこっちはちゃんと準備して、めちゃくちゃ忙しいっていうのにわざわざ時間も空けてるのに」と、いかにも思ってしまいそうなシチュエーションですよね。

でも、**そういう風に思ってしまったらそれまで**なんですよ。

確かに自分は悪くないかもしれないけれど、相手のことを悪く思うのに頭のリソースを奪われて、一日中イライラした気持ちで過ごすことになってしまう。

もちろん、僕はこういう風には考えないわけです。

実際にはどうだったかというと、それなら別な撮影をしようかということで、切り替えて企画の準備や撮影をしました。時間も機会も無駄にならなかったし、たまたま不都合があった相手をむやみに悪く思うなんてこともせずに済みました。

と言うより、「**あ、たまたま予定がなくなったから、今別なことをすることができてラッキー**」とか、それくらいの気持ちです。

こういう考え方はポジティブ・シンキングと言われますが、実際僕はめちゃめちゃポジティブだと思いますね。

他方で、何かトラブルがあったときに、相手を恨んだり、状況に絶望して動けなくなってしまう人は、ネガティブ・シンキングの人だということになります。

基本的に、自分の行動を止めてしまうようなネガティブ・シンキングは、何にもいいことがないんですよ。だから、ネガティブをポジティブに変えていくように心がけたほうがいい。

常にポジティブでいようと思うことが、実際に起きたネガティブなことを修復することに繋がります。まさに、ネガティブをポジティブに変えるわけです。

この考え方は一事が万事ですから、もし自分がネガティブで損をしているなと思っていたら、ぜひ、今この瞬間から取り入れてみてください。

この考え方は本当にいろいろなところで使えます。

たとえば車を運転中に渋滞に捕まってしまったとき。車好きならすいすいと進めないことに苛立ってしまうと思うんですが、だったら同乗者と会話を楽しむことができるな、と考えれば、それはイライラした時間から楽しい時間に変わります。

待ち合わせ時間に相手が来ないと思ったら、その待ち時間でスマートフォンを使って調べたいことを調べることができるな、と僕なら思います。

雨が降ってきたときに傘を持ち合わせていなかったら、近くの喫茶店でコーヒーを飲みながらちょっと一息つけるな、と考えることもできるわけです。

実は、僕も最初からポジティブだったわけではないんです。ただ、ネガティブなままでいても、何もいいことがないなって気づいたんですよ。そうして考え方を変えたら、人生がいい方向に向かっていっていると思うので、これを読んでいるあなたにもおすすめしたいです。

「状況を修復できる」強さ

もし、悪いことが起きたけれども、そんなことは起きなかったように振る舞うことがポジティブだと考えている人がいたら、それはちょっと違うなと思います。

重要なのはトラブルに溺れて行動を止めてしまうことではなく、状況を修復していくことです。修復していくためには、起きたことは起きたこととしてしっかり認識している必要があります。

自分に起因するトラブルでない場合には、見なかったふりをしていい気分を保つという態度でもそんなに問題は生じないかもしれません。けれども、自分のせいで問題が生じている場合には、そういう風に振る舞ったら無責任ということになります。

たとえば目覚まし時計が鳴らなかったばかりに起きるのが遅れて、待ち合わせに遅刻してしまったとします。それで急いで待ち合わせ場所に移動したら、相手はカンカンに怒っていて、用事に入るまでにさらに時間がかかってしまった。

こういうときに「今日はたまたま不幸だったなあ」とかいう感じで済ませてしまうのはさすがに問題ありでしょう。目覚ましを増やすとか待ち合わせ場所を念のため家の近くに設定するとか、いくらでも改善策はあるはずです。

もちろん僕が待たされている立場だったら考えを切り替えて対応するわけですが、みんながみんなポジティブではない、ということですね。


また、自分に責任がないからといって、**黙って傍観者でいるばかりというのも問題です。**


さっきの例で言えば、予定していた撮影がなくなってしまったけれども、まあ仕方ないと受け入れたとしましょう。でも、じゃあしょうがないから解散ね、という風にしたとしたら、実はもったいない。なぜならスタッフも集まってきていたし、機材や荷物も用意してきていたわけですから。

そうであれば、すぐに取り組める撮影を行うというのが一番有益です。でも、それは予定されていないことだから、誰かが提案しないと始まらないんですよね。その誰かにならないといけない。

このように、状況の修復だったり方向転換だったりというものは非常に大切ですが、どうやったらそれが可能になるかというと、やはり自分を客観視する必要があります。客観的に見るからこそ、自分の反省点を見つけて、それを受け止めることができるようになるのです。

当たり前に見えますが、失敗したときに反省できることも、強者の条件と言えるでしょう。

攻守のバランスは将棋から学んだ

子供の頃に父親から教わった将棋をずっとやっていて、今でも携帯のアプリなどで楽しんでいます。初めて教わったときに、凄くハマりました。後に地区の大会で優勝するくらいには上達しました。

僕は、将棋の戦略に基づいた考え方を、人生にも当てはめているような感じがします。それくらい将棋から学べるものは多い。

攻めてばかりでは勝てない、というのがその分かりやすい学びの一つですね。僕はもともと攻め一辺倒だったので、最初の頃はなかなか将棋で勝てなかったんですよ。単純に攻めているだけでは守りが疎かになってしまう。格闘技でも同じですね。

それから将棋の場合、様々な特徴を持った駒を使いますよね。それが自分の兵隊になるのですが、**兵隊ごとの特徴をしっかり活かすようにしないと効率がよくならない**。駒を生かすも殺すも、そして勝負に勝つも負けるも僕次第です。

僕は将棋以外にも「テトリス」のようなパズルゲームで遊んだりもします。様々な形のブロックが上から落ちてきて、それを上手く組み合わせて下に積んでいくというゲームです。

知っている方は想像しやすいと思いますが、ブロックの積まれ方によっては、「次にこの形のブロックが来ると困るな」という状況がどんどんやってきます。困っていてもブロックは落ちてくるので、仕方なく積み上げますが、そうすると並び方が悪くなってしまいます。

攻撃一辺倒の状態というのは、とにかく大量にブロックを敷き詰めて一度に消せるように準備をしている状態です。

ところが、そこに形が悪いブロックが落ちてくると、さっきまで計画していたような感じで大量に消すことは恐らくできなくなっているでしょう。

言わば、ちょっとした隙に攻撃を当てられて、しっかり守備の対策をしないと危険な状態になっているということです。

ここでしっかり守りの戦略に切り替えてブロックを整理できれば、一〇秒後には元通りに綺麗な盤面を作ることができるでしょう。しかし、前のプランにこだわって方向転換できずにいると、失敗が重なって悪循環に陥ります。

将棋で言えば、飛車や角で派手に相手陣営を攻めていたつもりが、気づいたらこちらの王が丸裸になっていた、とかそういう状態です。

攻守のバランスや切り替えが大事だというのはこういう意味です。これが「状況を修復する」ということであり、格闘技だけでなく、人生全体に役立つ学びなんです。

陰口は言うな

起きたことがなかったような振りをするのには無理があって、その場ではやり過ごせたとしても、後から気になったりすることがありますよね。

結局、その場でしっかりと状況を修復したり方向転換ができていなかったから、後々に苛立ちを残すことになってしまっているわけです。

そうなると、当事者のいないところで愚痴や陰口を言うということが起きてしまいます。これはいただけないですね。

もし、僕のいるところで誰か他人の陰口を言っているような人がいたら、そういうことは言わない方がいいよ、と面と向かって言ってしまいますね。

僕は先に言ったようにポジティブに方向転換していくタイプですから、あまり人に不満をぶつけたりしませんが、絶対にしないというわけでもありません。必要があるなら、面と向かってぶつけることはあります。

けれども、あくまでも面と向かってです。そもそも好みとして、僕は陰口が好きじゃない。

陰口を言う人って、要は、面と向かって言えないから隠れて人を攻撃したり、または噂話を流したりしているんでしょう。けれど、**面と向かって言えないことなら、別な場所でも言うべきではない**。

有名人になると、ネットを通じた陰口というものに直面します。僕はあまり言われない方でしたが、YouTube に動画投稿をするようになってから少し見る機会がありました。いわゆる、アンチコメントです。

もちろん内容が気に食わないということもあるのでしょうが、多くの場合はその投稿者のことが嫌いだから、とにかく足を引っ張ってやろうということで悪口を書き込むわけです。

どうも、僕は他のYouTuberと比べるとアンチコメントの絶対数が少ないようですね。たぶん、僕が気にしない性格だということで、全く取り合わないものだから、アンチコメントには意味がないと悟って止めていっているのだと思います。

そもそも多忙すぎて、大量につけてもらっているコメント自体をあまり見られないという事情もあるのですが。

少し冷たいことを言うと、視聴者の多くは僕の動画に親しんでくれていて、応援もしてくれているわけですが、僕からしたら見知らぬ視聴者なんですよね。相手は僕のことを知ってくれているけれど、僕の方は相手のことが全く分からない。

そういう状況でアンチコメントをつけてくる人となると、これはもう絶対に現実の人生では交錯しない相手になるわけですから、そういう人の意見を聞いても仕方ないんですよね。

自分の人生にマイナスな影響を与えるものと関わっていても仕方ないという、僕なりのポジティブ・シンキングに基づく判断かもしれません。

アンチがどういうことを言ってくるのか気になって仕方ないという人もいるかもしれませんが、**損をするだけなので無視をするのが一番**ですよ。

ただ、**もし万が一、自分がアンチ活動をしてしまっている側だ、という人がいたら、絶対に今すぐやめたほうがいい**ですね。

こちらからすると、色々と透けて見えちゃうんですよ。僕はこういう考え方で日常生活を送っているわけですが、アンチ活動をしている人はそれと全く反対の生き方をしている。だとしたら、絶対にいい生活を送っていないだろうなっていうことが見えてきてしまう。

陰口のようなアンチ活動をしている時点で、日常のコンディションとしてもうダメだと思いますが、もしもその人の生活を見ることができたら、人間関係に問題があったり、金銭面に問題があったり、職業に問題があったり、その他の行動で問題があったりと、様々な悪い環境、悪循環にのまれていることだと思います。

逆に、そういう行動をやめれば、日々の生活を切り替えて、変わっていけるかもしれない。だから、いずれにしても陰口やアンチ活動は、今この瞬間にやめるのが吉だと思います。

間違った情報で人を傷つけるのは恥ずかしいこと

現代はすっかりネット社会になりましたよね。

そのせいで個人の意見が外に発信できるようになったんですが、そのことで明らかになったのは、**一つの発言なり出来事なりにみんなが寄ってたかって集中攻撃をしがちだ**、ということです。

正義感からやっているのかもしれないけど、実際には無責任ですよね。ほとんど反射的にこれは悪い、と言って反応してしまっている。

そういう短絡的な感じはかえって自分たちの首を締めてしまっていると思います。

自分がそういう風に人を攻撃しているということは、何かのきっかけで自分も同じような集中砲火に遭う可能性があるということです。

それ自体もよくないし、僕は気にしない方だけれど、こういう世相を気にして不自由になってしまっている人もいると思うんですよね。自分の判断で物事を決定するのではなく、周りの目を気にして行動してしまう。

周りの目を気にすることと陰口を言うことが結びついて、ひどいことになることがあります。

誰か共通の敵みたいなものを一人設定して、その人の陰口を言い合うことで仲良くなっているようないじめ体質の人たちを見たことはありませんか？

いじめる側のグループに参加して悪口を言い合うことで、いじめられる立場に追いやられないようにする……。こういうのは最悪です。

まあ、そこまでひどいことに加担しているという人は少ないかもしれません。

しかし、そういう**口の上手い人の流す噂や流言飛語に乗っかったりしてしまうということは、意外とあるのではないでしょうか**。

誰それはこういうことをしていてひどい、悪いやつだ——。

そんな意見を聞かされたら、なんとなくそうなのかと思ってしまい、印象を左右されるのではないでしょうか。そして、**特に罪の意識も持たずに噂話を雑談のネタとして拡散してしまう**。

当然ですが、こういうのもよくないことです。

なぜかというと、それが真実である可能性が低いからです。少なくとも、この場合だったら悪いことをしたとされる相手側の意見も聞かないことには何の判断もできません。

そういうことを**気にせず噂を信じたり流したりしてしまう人というのは、本質を見**

ていないということです。

たとえばメディアで殺人の報道があったとします。人殺しは絶対にやってはいけないことだけど、だからといって無関係な視聴者が一方的にサンドバッグのようにして攻撃していいということにはならない。

被害者がとんでもない悪者で、ひどいことをしていた可能性だってあるんです。

もっと些細なことですけど、たとえば「東京タワーの色が黒だった」と言う人がいたとします。

実際はオレンジ色であるわけですけど、実は裏側はその日だけ黒く塗装されていた、なんてことだってないとは言えないわけです。だというのに勝手に相手の意見を決めつけるというのはとても浅はかですよね。

もちろん、どう考えても荒唐無稽なことを言っている人もいるかもしれませんが、少なくとも自分で確認もしていないのに相手を否定することはできません。

これは相手を信じているという話ではなくて、むしろあらゆるものを基本的に信じていない、という態度から来ることです。

東京タワーの話で言えば、たまたま同席した人が「いや、そんなことはない。東京タワーはオレンジ色だった」と言う可能性があるわけですけど、その人だって別に黒かったと言った人と同時に東京タワーを見ていたとは限らない。というか見ていなくて、常識で反射的に発言しているだけなんですよね。

極端なことを言えば、僕らにはオレンジ色に見えていても、その人には黒く見えていたということだってありえるわけです。

こんなことを気にしていたら、何かを判断するなんてとてもできたものじゃないですけど、その通りで、別に判断する必要がないんです。

自分の目や耳で裏を取って、客観的に判断できる状態だったら判断をしてもいいかもしれないですけど、そこまでしても意見を確定できない可能性だってあるわけですよ。

もちろん、身内で何か揉め事があったりしたら、大事なことだから、関係者の話を色々と聞いて、客観的に考えた上で判断します。

判断をするということには責任が伴うので、最後は自分の責任で物事を決定します。自分の身の回りのことだからこそ、そういう責任が持てるのだと言えます。

しかし、ニュースやネットで流されてくる事件に対して、そこまでする必要がありますか？　ないですよね。でも、**ないからこそ安易に判断しがちになるのが現代の病理だ**と思います。

そもそも、僕の根本的な態度として、**不正確な情報を元にして人を傷つけるというのは、めちゃめちゃ恥ずかしいこと**だと考えているんですよ。

だから、そういう考え方をこの本を読んで身につけてもらえれば、自然と普段の行動の仕方が変わっていくと思います。

一つ具体的な例を上げると、僕の弟の海が堀口恭司選手との試合が決まったとき、物凄い批判を浴びました。

ですが、一緒に練習をしている僕からすれば、弟がかなりの成長をしていたということを知っていましたので、勝てると思っていました。

僕からすれば、**普段の練習も見ていない人たちが訳知り顔でコメントしてしまうこと自体「バカだな」と思ってしまう**んですよね。

そして、実際の試合では見事に一ラウンドKOという結果になりました。

結果が出ると手のひらを返す人たちが出るのはいつものことですが、コロコロと意見を変えられるように、匿名でSNSアカウントを使っているような人たちも多いですよね。

そういう使い方ができるのは事実ですが、**匿名でなければ言えないようなことを言**

うために使っている時点で、本人も何かしらの恥を感じているんだと思いますよ。

そうであれば、そういうことはすっぱりやめてしまったほうがその人の人生にとってもいいし、めぐりめぐって社会をよくすることになると思います。

軸がないのは八方美人だから

最近の若い人たちを見ていると、軸がない、と思うことが多々ありますね。多数派の意見に流されがちと言うか。

自分で判断するっていうことをもっと大切にしないといけないと思います。

この裏にあるのは、日本という国の教育の問題でしょうね。みなさんも、子供の頃から世間体を気にするように育てられた心当たりはないですか？　やたら親は近所の人の視線を気にしていて、波風を立てないように生きることを知らず知らずのうちに前提のように思い込まされていたとは思いませんか？

周りの目を気にして言いたいことが言えないということは、自由じゃないということです。

そして、往々にして自分がやりたいことができていないでしょうから、自分がぶれてしまっているということでもあると思います。

なぜ人の目を気にしてしまうかというと、八方美人だからです。

八方美人だから、あらゆる人から嫌われたくないということで、その場に合わせた態度を取ってしまい、結果的に一貫していない言動や行動を取ったりすることになってしまう。

僕は、八方美人になりたくない、と思っています。

八方美人で自分の軸を貫くということはできないからです。

無闇矢鱈《むやみやたら》に友達が欲しいとも思っていない。本当の友達や仲間になれるのはごく少数です。でも、その人たちに分かってもらえているならそれでいい。もちろん、その人たちにおもねるのではなくて、自分が言いたいことを言ったときに、分かってくれる人だけに残ってもらえればいいということです。

逆に言えば、**八方美人でいたら、深く分かりあえる友達や仲間とは出会えない**と思います。

だって、さっきはこの意見に賛成だというようなことを言っていたのに、次の瞬間はそれに反対だというようなことを言っていたら、嘘つきじゃないですか。聞かされる方からしたら、こいつは信用できない、ということになりますよ。

言い換えると、八方美人でないというのは裏表がない、つまり正直だということです。

僕は本当に裏表がない人間で、映像とか記者会見とか記事といった、メディアを通じて流通しているイメージと、実際に会って話したりコミュニケーションしたりしたときの印象が変わらないと思います。

それはプライベートでも同様で、嫌いなものははっきり嫌いと言うし、嫌なものには付き合わない。

たとえばご飯を作ってもらうとするじゃないですか。そうするとありがたいことだから、作ってくれたご飯が自分の口に合わなくても、なんとなく誤魔化してしまうのが日本人にはありがちです。

でも、僕なら「まずい」ってはっきり言ってしまいますね。

嘘をついたらもやもやした気持ちが残ってしまうし、相手が成長する機会を奪ってしまうことにもなる。作ってくれた気持ちが嬉しいということと、味の感想を誤魔化すということは別な話です。

次の機会に美味しい料理を作ってもらったら「美味しい」と言えばいいんですよ。そうしたら**自分は正直な感想を述べる人間だから、心の底から美味しいと言ってくれているんだ、と思ってもらえます**。

自分を客観視できればば強くなれる。強ければ、人を許せる。

アンチ活動をしてしまう弱さを今すぐ捨てよう。

なんでも腕力で解決しようとするのは視野が狭い

現実にはあまりないことですが、道端で誰かに襲われたり恐喝されたりする、という状況を考えてみましょう。

大柄でいかにも凶暴な人に因縁をつけられたら、恐ろしいですよね。

相手がナイフなどの武器を持っていることも考えられます。

こういう状況に直面したら、普通の人ではまともな神経でいられないでしょう。

強い人というのは、当然こういう状況でも狼狽《ろうばい》せず、冷静に対応できます。なぜなら、戦闘力の点で相手よりも自分の方が強いということを確信しているからです。

自分が強ければ強いほど、相手の力の見極めというものも上手くなりますから、こういう確信は本当に自分の強さに比例して強まっていくことでしょう。

相手からしても、自分の腕力や武器をちらつかせて、こちらを萎縮《いしゅく》させようと狙っているでしょうから、全く恐れていないぞという態度を示すと、逆に相手に怯ませることができるかもしれません。

ただ、相当な裏付けがなければ、暴力を背景に脅かしてくる相手に対して、平然とした態度を取ることは難しいでしょう。

萎縮していないという態度を見せるのにも、普段からの訓練や蓄積が重要になってきます。

ところで、フィジカルが強いに越したことはないですが、そのことだけに一辺倒だとすれば、それはあまりいいことではありません。

特に、格闘技ばかりをやってきた人には、自分が覚えてきた技や力だけを使って何事にも対応するしかないという、視野の狭さを感じることがあります。

たとえば武器を持った相手と対峙したとします。こちらはプロの総合格闘家ですから、ちょっと武器を持たれても大した差にはなりません。

しかし、ここで重要なのは、**相手の都合に合わせて路上の異種格闘技戦をする必要はない**、ということです。

こちらの方が強いからといって、相手が刃物を持っているならば、相手に殺傷力があることは否定できません。僕の方も、間違って怪我などしてしまったらたいへんです。

こういうときは、僕ならばその場にあるものを利用することを考えるでしょう。掃除用の箒だったり、放置されている自転車だったり、いくらでも武器になるものがあるので、こういうものを使えば有利にことをすすめることができます。

もちろんあくまでも自衛のためですよ。

また、そもそも戦うことすらしない、ということもありえます。

今の立場の僕であれば、**最初に謝ってしまって、「いったい何が悪かったんですか？」と問い尋ねます**。

さすがに襲われるほどのことをしているはずはないのですが、自分が気づかずに何か迷惑をかけている可能性もないとは言えませんから、そういうことも想定して謝ってしまうわけです。

それで相手の気が済むのであれば、そもそも争う必要はないですよね。もちろん、その後も理不尽な要求をしてくるようなら話は別ですが。

若い頃は、たとえこちらに非があるかもしれない場合でも、頭を下げることには抵抗がありました。頭を下げることは恥ずかしいことだと思っていたんです。

でも、今は全くそんなことはありません。**実績を積んだことで、自分の強さが客観的に明らかになり、しかもそれがみんなに知られているので、粋がる必要がなくなりました**。

今の僕は昔の自分と比べて視野が広くなったと思います。そして、格闘技の試合でも、日常の生活でも、視野が狭い人よりも広い人の方が優位にあると感じます。

強い格闘家の四要素

具体的に強い格闘家について考えてみましょうか。

強い格闘家はすでに名声を獲得しているので、読者のみなさんからしたら想像どおりかもしれませんが、**RIZINに関連する格闘家では、堀口恭司選手、那須川天心選手は明確に強いですよね。それから、K-1の武尊選手がいます。**

いずれも所属階級や競技自体のトップを走っている選手ですが、このレベルの人たちの共通点は何だと思いますか。

それは、**頭がいい**、ということです。

いわゆる学校の勉強ができるとかそういう意味ではないですよ。そうではなく、頭を使って準備し、闘っているということです。

さっきまでの話で言えば、自分の腕力を過信して、無謀な路上の異種格闘技戦をしたりする人たちと、今挙げたようなトップ選手たちは全然レベルが違います。

トップ選手がリング上でどのように頭を使っているか。これについては、僕が試合中に何を考えて闘っているかを後で説明しますので、そちらを参照してもらえればと思います。

とはいえ、リング上は総合力が試される場です。頭がいいだけでは、たとえば分析ができるだけではこのレベルの勝負で勝ち切ることはできません。

頭のよさに加えて必要なのは、**基礎的な身体能力の高さ、努力の継続、意志の強さという要素**です。

基礎的な身体能力というのは、格闘家としてリングに上がるための足切り要素のようなものです。

それこそ、UFCやBellatorなど、アメリカを舞台に**海外選手がしのぎを削る場においては、基礎的どころか生物的なレベルでの強者がゴロゴロしています**。

海外選手と比較すれば、日本人選手がフィジカル面で劣っていることが多いというのは、イメージしやすいのではないでしょうか。こういった選手たちに対抗するためにも、最低限の身体能力を持っていなければなりません。

それを持った上で必要なのが努力の継続です。

これは意志の強さというのとちょっと似ていると思われるかもしれませんが、とにかく目的を達成するためにコツコツと努力を積み重ねる堅実さが必要です。

トップ選手において、日々の努力を欠かしている人は皆無と言ってもいいでしょう。努力をひけらかすのはみっともないことだと思いますが、努力をしないのは考えが甘いか、驚くほど愚かなのかのどちらかと言わざるを得ない。もちろん、努力の仕方にも頭のよさや考えというものが効いてきます。

最後が意志の強さです。まさに、最後にものを言うのがこれです。

努力というのは工夫などを織り交ぜながらしていくものですが、**最後までやり遂げるんだ、途中で苦難があっても折れずにやり切るんだ、という精神的な軸というものは何かを達成するためには必須です**（だからこそ成果を上げるための工夫にも力が入ると言えます）。

特に、実力が拮抗した選手同士の対戦の場合、最後に勝敗を分けるのは気持ちの部分です。

もちろん気持ちだけでは勝てませんが、何としても勝つという強い意志を持っていなければ、厳しい勝負を取り切ることはできません。

今、この瞬間は無名の選手であっても、これらの要素を持ち合わせているのであれば、これらの要素を持とうとするのであれば、強い格闘家になりうると思います。

例外として、格闘技の試合では師匠やセコンドが非常に重要な役割を果たすので、フィジカルには非常に恵まれているけれど、あんまり考えて試合をしていないという選手でも、名参謀となりうるパートナーがいる場合には、目覚ましい戦果を挙げることもあるかもしれない、とは思います。

とはいえ、じゃあ具体的に誰かいるかというと、思いつかないというのが正直なところです。

やはりトップ選手は非常に頭がいいし、考えているし、努力している。もし、表面的にそうではないように見えたとしても、それは頭が悪いふりをしているのだ、努力をしていないふりをしているのだ、と考えるべきでしょう。

これは僕の印象ですが、**他のスポーツやビジネスの成功者にも、このことは当てはまるのではないか**、と思っています。

学校の教育は果たして正しいのか

小学校までは特に何も感じていませんでしたが、中学校に入るとはっきり束縛や制限を感じるようになりました。

具体的には校内で敬語を使わされるということです。

少なくとも生徒同士では、小学校だったら誰と話すにしてもタメ口で許されていたのが、中学校からは急に上下関係が強調されて、敬語で話すことが要求される。

そして先輩たちは、単に学年が上だというだけで偉そうにしてくる。教師たちもそれが自然だと思っているようです。


おかしいですよね。なぜ中学校になったら突然そんなことを強制されるのか。

人間関係だけでなく、教育カリキュラムについても同様です。小学校の頃はもう少し自由だったと思うんですが、中学生になってくると進学することを前提に決まりきった勉強を一通りすることが強制されますよね。

素朴な疑問なんですけど、なぜそんな勉強を満遍《まんべん》なくやらなきゃいけないんですかね。

もちろん勉強が好きだったらそういう風にしたっていいんでしょうけど、嫌いだったり不得意だったりしたら、満遍なくやることにどれくらいの意味があるんだろうか。

それよりも、**得意な教科や分野にリソースを割いて、めちゃくちゃ得意にさせるっていう方向性だってある**と思うんですよね。

使い道のない知識を満遍なく覚えて、学歴は手に入ったかもしれないけれど、社会では役に立たないとか、覚えたことを全部忘れているとか、そういうことが現実にはかなりあるんじゃないのかと僕は感じますね。

中途半端に色々なことに手を出して失敗してしまうより、一つのことに集中して大きな成果を上げる方が絶対にいいですが、学校の教育というものはその方向を全然見ていない。

そういう点では教育にも自由がないと思います。

ちなみに、僕は日常では敬語で話すようにしています。

世間を観察してきた中で、色々な人が色々な業界で働くことで、この国や社会を支えてくれているんだと考えているからです。

農家の人がいなければお米や野菜を食べることができないけれど、全員が農家だったら流通もスーパーもなくなってやばいですよね。だから僕は色々な仕事の人をリスペクトしています。そして、それを忘れて店員に偉そうに振る舞うようなやつを軽蔑しています。

人生のテーマは「自由」

僕が人生の中で求めているのは自由です。僕が欲しい強さというのは、ある意味で自由でいるための強さと言えますね。

僕はマンガ『ONE PIECE』が好きなのですが、そこに登場するトラファルガー・ローというキャラクターがこう言っています。

「弱ェ奴は死に方も選べねェ」

これは至言ですよね。死ぬ自由くらい誰にでもあるだろうと思われるかもしれませんが、実際には弱い人は自分の死に方を選ぶこともできない……。

かつては責任を取るために武士は切腹ということをしていましたが、切腹を選ぶ武士のことを想像すると、何かしらの強さを感じます。

さて、自由は僕の人生のテーマです。では、自由に生きるためには何が必要でしょうか。

それは**信頼できる少しの仲間と、お金と、責任と、そしてぶれない軸**です。仲間の大切さについては後ろの方でも触れますが、僕はなかなか人には心を開かないタイプです。

だからこそ、少ない仲間のことはとても大切にするし、その人たちとだからこそ色々なことを実現していけるのだと思っています。

お金が大事なのはある程度当たり前なことでしょう。ただ、お金を稼ぐこと自体が目的ではないのだということは確認しておいた方がいいかもしれません。

僕はよくRIZINのインタビューなどでも「もっと稼ぎたい」と発言してきました。しかし、それは無目的にお金持ちになりたかったからではないんです。

無駄な贅沢や見せびらかすような装飾には僕は興味がないですし、必要とあればとても慎ましやかに生きていくこともできます。

けれども、お金があれば、お金がないことによる制約がなくなってきます。

お金があればできることが増えるという正の側面もたくさんありますが、それ以上に、お金がないばかりに人や状況に流されてやりたくないことをやらざるを得なくなってしまうという負の側面が一番よくない。

それはまさに不自由の最たるものです。

これは別の要素である「ぶれない軸」とも関係します。お金のこととは関係なく、**自分に嘘をついて嫌いなことをやるのはよくありません**。自分がやりたくないことをやるときは、常に自分が設定した目標を達成するために必要だから、という形である必要があります。

自分の目標のために必要な困難であれば、仮に嫌なことをやるのだとしても、意志が弱くてそれに巻き込まれてしまったのではなく、乗り越えるべき困難だったことになります。それは軸をぶれさせずに守ったと言えると思います。

そしてもう一つ大切なのが責任です。

過去の若気の至りではありますが、昔、僕は暴走族をやっていたことがありました。そのときの僕は、暴走族をやることで凄く自由を感じていたんですよ。社会のルールに縛られず、昼も夜もなく、風を感じながら好きにバイクに乗ったり喧嘩に興じたりしていた。

でも、それって非常に無責任な状態だったんですよ。そもそもが自分で生計を立てているわけでもないし、法律に触れているからいつ逮捕されるかもわからない。逮捕されるからには誰かに迷惑をかけていたということだし、逮捕によって当然家族や周りの人にも迷惑がかかります。**こんな無責任な自由っていうのは本物じゃない。偽物なんですよ。**

本当の自由とは何か。それは自分が全ての行動の責任を持っているということ。自由がそういうものだと知った上で、何かの行動の結果に対して、いつも解決したり対応できたりということができる状態のことです。

自分の身勝手な行動のせいで、自分の周りの人に迷惑をかけたり、悲しませたりしているようでは、自由ではないんです。

ぶれないためにはどうすればいいか

「ぶれない」というのは特に大事です。

自分の中に軸を持っているからこそ、好きなこと嫌いなことがはっきりします。その上で嫌なことをやらないっていうのが基本ですが、さらにその先の大事なこととして、何か達成したい目標を自分で決めたなら、それを最後までやり通すということがあります。


やり通すっていうのは、簡単なことだったら大して努力をしなくても済むでしょうけど、難しいことだったらそうはいかないですよね。努力が必要だったり、時間が必要だったりする。

そして、途中でやめたり諦めたりしたら、それは失敗だということになる。

もちろん人生の中には失敗するということは必ずあります。**一時的に失敗しないこ**

とよりも、その失敗のダメージをどれくらい軽減するか、失敗を単なる失敗に終わらせないでおけるかが大事です。状況を修復する、ということです。

長い努力が必要なことに取り組む際に、中途半端に嫌なことに首を突っ込んだりして、それで時間やリソースを浪費してしまったら、本当にもったいないわけです。だから、考えなしに嫌なことに関わることは一番ダメだけれど、中途半端に取り組んで損をすることも避けたいものです。

そのためにはどうしたらいいかというと、やっぱり工夫もしなくちゃいけないし、長続きさせるためには休憩も大切だし、それから適切な目標設定をするということも重要になってきます。

よく考えずに非現実的な目標設定をしてがむしゃらに序盤だけ全力疾走してすぐに失速してしまい、目標達成に失敗する。無理もないですよね。

だから目標設定は慎重にやらなきゃいけないし、事前に調査や勉強をする必要もある。最後は気合も大切だけど、気合だけでは成功できることは少ないと思います。

正しい目標設定のために必要なこと

何か目的を達成するためには、死ぬ気で努力する必要があります。

ところが、目標設定に問題があるばかりに努力が実を結ばなかったり、そもそもまともに努力できなかったりということがありえます。

たとえば医者になりたいという人がいたとしますよね。ところが何年浪人しても医学部に合格しない、と仮定します。

もともとの資質の問題で、物覚えが悪かったり、テストが不得意だったりというのはありえることです。

その上でどう工夫するかを考えるのが重要なのですが、この場合ではそれ以上に、そもそも自分の根本的な目的は何なのか、というのを見極めることが大切です。

もしかしたら、自分は本当はそんなに医者になりたいと思っていないのに、何となく周囲の意見に流されてそれを目指してしまっているがゆえに、死ぬ気で努力ができないということもあるかもしれません。

逆に、医者になって何をしたいのかと考えたときに、実は医者でなくてもその目的を達成できる可能性もあります。

たとえば人命を救いたいというのなら、災害救助隊や消防士になるという選択肢もあります。

学者として新しい医療技術や薬を研究するという方針もありえます。

医者になるにしても、正面から学部入試を受けるばかりじゃなくて、社会人入試みたいな別角度の試験も検討できるかもしれない。

自分が本当は何をしたいのかを、本質的に考える必要があります。

こういう感じで、**目標設定が悪いのか、工夫の仕方が悪いのか、とにかく何かしらの原因があることは間違いないのだから、それを洗い出す必要があって、そのためには広い視野を持つことが重要**なんです。

もちろん、簡単に達成可能な目標に絞れ、と言っているわけじゃないですよ。

そうではなくて、自分が可能な努力をした先に達成できそうな見込みのある目標を設定することが大事、と言っています。

僕なんかは、**物事を始める前にかなり勉強や研究をするので、非現実的な目標設定をしたことがない**と自分では思っています。

僕がやってきたことで振り返ってみると、それこそTHE OUTSIDERに出場して、七〇キロ級を制覇して、さらに六五キロ級を制覇して、それから全国的な総合格闘技団体だったRIZINに参戦して……。と、こういうステップアップは全部実現可能だと思って狙ってやっていきました。

それからYouTubeでの活動も同様ですよね。約半年でチャンネル登録者数五〇万人超えを達成しましたが、これは一年で一〇〇万人登録を目指してやっています。

僕はたまたま目立った形で目標の挫折や失敗をしたことがないんですが、それは**失敗しそうになったときに上手く方向転換をして、状況を修復しているから**だと思います。

だからみなさんもうまく方向転換をしながら、状況に対応していくということが大切です。

間違った目標設定をして中途半端に頑張ってしまうと、これだけコストをかけたのに……ということで、失ったものや成功の幻想に囚われてしまって、身動きが取れなくなってしまう可能性があります。

それって、最初に述べた、頑張れない状態と一緒ですよね。

この状態が一番損ですから、切り替えていく必要があります。

別に失敗したっていいんですよ。その失敗を今後は繰り返さなければ。そういう形で失敗を人生の糧にするためにも、切り替えて前進をしなければなりません。

で、繰り返しになりますが、行動を切り替えていくには、他の方法もあるんだ、後悔していても仕方ないんだ、と考える余地を生み出すことができるような視野の広さ、言い換えれば客観的な視点が必要です。

客観視するための方法

客観視ができるようになったことは、僕の人生の中で一番大きな収穫でした。

そのときのエピソードをお話しします。

僕が小学生の頃に、親がビデオカメラを買ってきて、僕を撮影したことがあったんです。その映像を見たら、自分が認識している体の動きと映像の中に映っている自分の動きが全く違うことに気づきました。

これは衝撃でしたね。**自己認識と、等身大の自分というものが一致していない**ことを突きつけられた瞬間でした。

この、等身大の自分を見るということが客観視になるわけです。

それから僕はビデオで自分を撮るということにすごくハマりました。もうありとあらゆる動作を撮りまくりました。

たとえば逆立ちしているのを撮ったりしたんですが、自分では足をまっすぐ立てているつもりなのに、結構曲がっているな、ということが分かったりしました。自分が上手くできているつもりなのに実際にはできていない、ということが本当にいっぱいあるんです。

これに気づいてから運動が得意になりました。

これは僕にだけ有効なテクニックではなくて、普遍的な技術です。だから僕は、一緒に練習をしている格闘技の仲間から、インストラクターとして指導しているジムの会員さんに至るまで、「自分の動きを撮影してみるといいよ」と勧めています。その動きをトップアスリートの動きと比較してみると、違いが一目瞭然に分かります。

それから、他人に聞いてみるという習慣もつきました。**他人の意見というのは客観的なので、映像を見たときと同じような効果がありました。**

でも、このことが効果的なのは実は運動に対してだけじゃなかった。むしろ、人生の全てに活きてくるものだったんです。

たとえば自分が演説をしたとします。

映像や録音を聞くとある程度の客観視ができるんですが、それを実際に聞いた他人の気持ちや感想までは分からないこともありますよね。

でも、聞いていた人に反応を質問すれば、その回答がすぐに得られます。映像を見て自分としては上手くいったと思えたとしても、観客となる人が「よくなかった」「面白くなかった」となれば、これは失敗だったということです。

このように**第三者からの見え方を意識する**ことは重要で、成長の秘訣でもあります。

これは、偉いと思われている人が本当に優れた人なのかを見極める上でも役に立つ観点だと思いますね。

僕の周りでも、尊敬している経営者や格闘家は、組織のトップだったりエースだったりするのに、若い人や平社員の意見をよく聞くようにしているし、聞けるような雰囲気を作っているんですよね。

立場が上だということを理由にして、人の意見を聞かず取り入れずという状態になっている人は、少なくとも成長が止まっている可能性が高い。

ある程度のキャリアがある人ほど、下の人間がアドバイスをしてきたりしたら「生意気だ」って思っちゃいがちになってしまうでしょうから、そうなったら危険信号だと思った方がいいですね。

僕は、むしろ自分から聞きにいっちゃうタイプですね。今の動きはどうだったか、とか、それこそジムで教えている一般の会員さんにも意見を聞いてしまうほどです。

それ以外にも、たとえば柔術やレスリングの選手は、僕と違ったバックボーンを持っていますから、戦績とは無関係に色々と学べることがあるんです。そういうものを絶えず取り込んでいくことが成長なんです。

一つ具体的な例を出します。僕は動体視力に自信を持っているのであまり相手の攻撃を受けないんですね。

ですが、RIZINで対戦したリオン武選手に攻撃を当てられてしまった。僕に当たるということは、大体の人に当たる凄い技だということです。ということでこのパンチは研究して自分のものにし、早速グスタボ戦などで使っていきました。

同じようなことは練習のときからやっていて、自分に当たったパンチなりテイクダウンを取ったタックルなりがあったりしたら、「今のどういう風にやったの？」という感じで聞きにいっちゃいます。

ちなみに、**覚えたものを定着させる上で一番いい方法は、人に教えること**です。だから僕は練習の際に自分が使える技を周りの選手に伝えることで自分の学びにしています。教えると覚えるので、格闘技に限らずぜひやってみることをお勧めします。

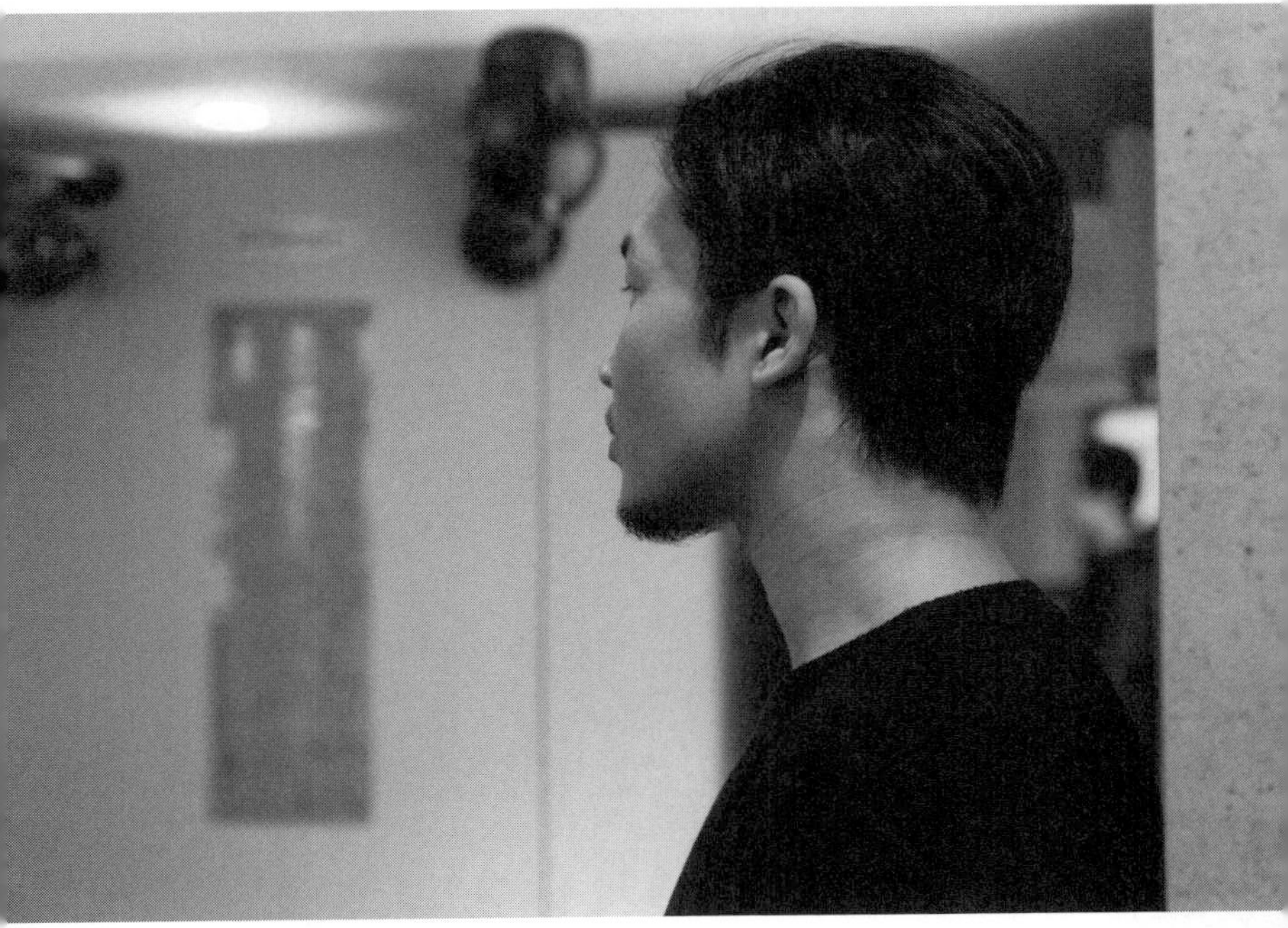

闘いに臨むとき、
強者は何を考え
何を行うのか

The way of Mikuru Asakura

第二章
強者の準備

格闘家はどんな日常生活を送るのか

ここでは僕の日常生活を紹介します。

朝は五時半に起床します。モーニング・ルーティンとしては、まずコーヒーを淹れて、それを飲みながら携帯を確認します。Twitter や Instagram、それから YouTube ですね。一晩経つと通知が溜まっちゃっているので、それを解消する感じです。

それが終わったらさっそくジムに向かいます。これは自分の練習も兼ねていますが、正社員として所属しているトライフォース赤坂／ヒートジム赤坂というところでのインストラクター業務のためでもあります。

まず、七時から九時くらいまでは朝練としてスパーリングを行います。動画で紹介したこともありますが、この時間帯は、自分の練習兼プロ志望の人たちのインストラクターという感じでやっています。

それが終わったら昼食をとって、その後はプロ練（プロ格闘家のみの練習会）に行くか、ジムのインストラクター業務を行います。ジムでは HIIT（High Intensity Interval Training）のサーキット・トレーニングを行っています。これは三〇秒ごとにトレーニング種目をどんどん切り替えてやっていくというもので、同じことをやっていて飽きてしまうというような暇が生じない内容です。

早い日はインストラクター業務も合わせて二時くらいに終わります。その場合はプロ練に行ったりします。プロ練では一時間くらいスパーリングをする、という感じです。

大体五時には練習も含めてオフになるので、そうしたら帰宅します。帰宅したら家事や練習着の洗濯をしています。昔はUber Eatsで宅配の食事をとることが多かったんですが、最近は自炊を始めましたので、自分で食事管理もするようになりました。

その後は少しゆっくりと過ごします。本を読んだり、YouTubeの編集をしたり、場合によっては撮影をしたりします。そして九時半ぐらいには就寝します。この生活を月曜から土曜まで繰り返します。

日曜や祝日は完全にオフで、特に日曜には一切トレーニングをしないようにしています。毎日やり続けても疲れるし、疲れを取るという日も必要なので。

YouTubeを始めてからは、もっぱら日曜に二、三本の撮影をするという生活になっています。起床や就寝時間については変わりません。

睡眠の取り方

睡眠は極めて重要です。**僕の人生で調子が悪かった時期を振り返ると、睡眠不足のせいでコンディションが乱れていた**ということがよくありました。

いかにイライラして時間を無駄にしないかが僕にとっては極めて重要なのですが、睡眠が足りないときだけはどうしてもイライラしてしまいます。逆に言えば、特別にストレスを感じるときには積極的に寝るようにしています。寝ることがストレス解消です。

良質な睡眠を取るコツは、食事に気をつけることです。**食事は遅くとも寝る二、三時間前までにしておいて、残り一時間などになったら絶対に食べないようにしています**。

それから僕の場合は日常的に適度……じゃないレベルで運動をしているので、まあ眠くなります。

時間的には、平均八時間は寝るようにしています。

もちろん試合があった日とか、お祝いで誘われて食事に行ったりするときには遅くなってしまうこともあるのですが、基本的に同じ就寝時間を守るようにしています。

夜更かしは全くしませんね。逆に、目覚まし時計とかがなくても、朝五時半には勝手に起きてしまう体になりました。夜更かしして三時まで起きていたとしても、起きる時間は変わらないですね。

こういう習慣をもう一〇年以上続けています。

練習は量より質

YouTube活動はするわ、たくさん寝るわで、もしかしたら朝倉未来はあまり練習していないのではないか、と思った人がいるかもしれません。

おまけに僕は練習をしていることのアピールをしませんから、余計に練習をしていないイメージを持っている人も少なくないでしょう。

でもね、「俺、練習してるぜ！」という内容の動画を出しても仕方ないし、格好悪いと思うんですよね。だって、評価が決まるのは試合本番だからです。

世界最強のボクサーであるメイウェザーは遊んだりビジネスをしたりの映像ばかりで、練習の動画を出すことはしませんが、だからといってメイウェザーは練習をしていないと思いますか？　そんなはずないですよね。

そういうわけで、僕も練習をひけらかしたりはしないんです。

その上で述べるのですが、**練習で重要なのは量ではなく質であり、そして継続**です。一日だけ根を詰めた練習をしても効果はあまりない。質の高い練習を長期にわたってできるということが大切です。

どうやって一つのことを継続するかというテーマ、飽き性の人なら誰しも興味があるんじゃないでしょうか。

僕にしても、もしも工夫をしなかったら、こんなに打ち込んでいる格闘技であっても長続きしなかったかもしれません。

逆に、もし僕に格闘技しかすることがなかったら、きっと格闘技のことを嫌いになっていたと思います。一個の物事だけに囚われてしまうというのはそれくらい危険なことです。

仮にそれだけに打ち込めたとしても、その状態ってとても視野が狭い状態だから、それだけではきっと問題が出てしまいます。

飽き性だからこそ続ける工夫が大事ですが、**一つのことに一〇〇パーセントの依存をしない**というバランスを取ることも、同じくらい必要になってきます。

練習への取り組み方は、その工夫の分かりやすい例でもあります。

一日二四時間あるからといって、だらだらと何時間もやっていたら効果が低くなります。僕は一、二時間に区切って、その時間内で集中するようにしています。

そうじゃないとモチベーションを保てないし、毎日しっかり続けるのも難しい。

しかし、**僕の二時間はだらだらと行われる四時間の練習をはるかに凌駕するクオリティ**だと確信しています。

どれくらいの時間が自分にとって適切かは人によって違いますから、自分なりに確認してみてください。


ではどうやってクオリティを担保しているのか。

これはシンプルで、**無駄なことをしない**、ということに尽きます。

具体的には、僕はウェイトトレーニングを一切しません。東京に来てからは本当に一度たりともしていないと思いますね。ランニングもメジャーなトレーニングですが、これまた僕は全くしません。


なぜしないかというと、**総合格闘技の試合で勝利することに直接結びつかない**からです。

一二〇キロのベンチプレスを上げられるとして、試合のどこで役立ちますか？　ランニングが速かったとして、リング上で徒競走をするわけではないですよね？

もちろん間接的には身体機能を向上させる面もあるでしょうが、総合格闘技の強さを鍛えるという点から考えると、あまりにも回り道すぎます。

ベンチプレスやランニングの危険なところは、とりあえず体に負荷はかかるから練習を「やった気になる」というところです。ところが、その気分で試合に臨んでも勝ちには繋がらないわけです。

こういうトレーニングに加えてスパーリングもやっているからには、総合的な力がついているはずだ、と考える人もいるかもしれません。

しかし、余計なトレーニングで無駄な負荷がかかっているばかりに、スパーリングの練習の質や量が落ちているとは思いませんか？

僕と僕以外の選手の差は、こういうところから来ていると思っています。

そういうことで、僕は練習では総合格闘技のスパーリングばかりをしています。それから、週に何回かレスリングの練習をし、それよりも少なめですが週に一回くらいのスパンで柔術の練習をしています。

休息も大事なので、土日はトレーニングをあまりしないようにしています。

実戦的なトレーニングにもメリハリをつける必要があります。たとえば僕は、単体の打撃のトレーニングはほとんどしないですね。というのもミット打ちのような基礎的な訓練はこの年までさんざんやってきたからです。

今の僕に必要なのはレスリングなどの別なテクニックであって、そっちを学ばないと成長が鈍化してしまいます。

パンチ、キック、組み技、寝技を含む総合格闘技は、他の格闘技と比較して非常にやることが多いです。そのためせっかく新しい技を覚えても、他の技を忘れていったりして、実戦で使えなかったりするんですよ。その勘を鈍らせないためにもスパーリングをやっていたいと考えています。

トレーニングメニューは常に見直しながら、今の自分に必要なものを選択してやっていくことが必要です。

集中力の発揮の仕方

集中力の発揮の仕方について、もう少し一般向けに話してみます。

僕は集中力が凄いとよく言われます。これは、何事においてもやるべきことが明確であり、何のためにやっているかを強く意識しているからです。

これはビジネス用語で言うと「コミットする」ということとほぼ一緒です。

ですので、みなさんが集中力を発揮したいと思ったら、コミットすることが大事になってきます。

コミットするためにはどうしたらいいかというと、コミットできるものを探すか、コミットできる工夫をする必要があります。

僕の実体験ですが、一時期、工場のライン作業をしたことがありました。これはコミットしようがなかった。体が覚えていることを機械のように淡々と繰り返すだけで、頭を使う余地がありませんでした。

かと言って、ライン作業が面白くなるように工夫をするモチベーションもありませんでした。当たり前ですが格闘技の方が面白いですからね。他に何もすることがないんだったら、ライン作業について考えを深めざるを得なかったかもしれませんが、そうではなかった。

ライン作業の場合は仕事ということもあり、一定時間同じ動きを強制されるという制約があります。僕は色々なものに興味を持つタイプですが、さすがにこれは厳しかった。

何かをするなら、僕は常に考えて取り組んでいたいし、やっていることの意味を突き詰めていきたい。そういう気持ちが持てることならきっと楽しく取り組めるし、自然と集中もできると思うんです。

考えて取り組むというのは、自分で判断して決めるということでもあります。

僕はウェイトトレーニングやランニングをしないと言いましたが、これらのトレーニングが必要な競技もあるはずです。重量上げの選手はウェイトトレーニングをすべきでしょうし、長距離走の選手はランニングをすべきに決まっています。

ただ、闇雲にトレーニングしようとしてもいい結果になるとは限りません。最初こそやる気があったのに、始めてみたらダラダラとこなしてしまうだけだったということもあるかもしれません。

そういう場合には、目標を設定することが有効です。たとえば走り込みをするにしても、一〇キロは必ず走るとか、一時間は走り切るとか、明確なゴールを決めるんです。

ゴールを意識してトレーニングすると、以前は三〇分で辛くなっていたのが今では一時間走れるようになったというような感じで、成長を実感することができますから、楽しくトレーニングできるようになると思います。

前にも触れましたが、飽き性の人にお勧めなのは、僕のジムで提供しているHIITというサーキット・トレーニングです。三〇秒ごとに種目が変わるので、飽きている暇がないんですよ。しかもグループレッスンなので、周囲の人の頑張りに刺激されて自分も続けざるを得なくなります。実際、結構好評を博しています。

苦しいときの工夫

どんな練習でも、追い込んでいくときつくなってきます。

たとえば腕立て伏せをしていて、腕にすっかり乳酸がたまって腕が上がらないのに、まだノルマが終わっていないとかいう状態です。

同じことは他のトレーニングにも言えて、きついくらいのところに目標が設定されていないと訓練にならないんですが、ということは**終わりの方は必ず苦しい**ということになります。一〇〇回が目標なら、九〇回くらいから自分にとってはかなり厳しくなるはずですよね。

そういう苦しいときを乗り切るために、僕が昔からやっている裏技というか、工夫があります。

それは「**体を乗り物だと思う**」ことです。

ガンダムってあるじゃないですか。モビルスーツという、人間が乗り込んで操縦する機械ですけど、よくモビルスーツ同士で争っていますよね。モビルスーツが傷ついても、パイロット自身が傷ついているわけじゃない。

こういう感じで、練習をしていて苦しさを感じても、**自分じゃなくて自分の体が傷ついているだけなんだ。体の中心にいる本当の僕は無傷なんだ。**……こういう風に考えるようにしています。

実はこれは、自分を客観視することと繋がっているんですよ。

試合本番中に、どうして僕が冷静でいられるかというと、幽体離脱しているかのように自分の体を外から見ている面もあるからです。でも、自分が攻撃されたり厳しくプレッシャーをかけられたりして、痛い、つらい、苦しい、というような気持ちに支配されていると、絶対に客観的になることはできない。

試合中に予想外のことが起きて、リカバリーしきれずにペースを乱してしまうということは僕にだってありえます。そういうときはもう冷静じゃないので、セコンドのように純粋に自分ではない人の助けが重要になってきます。

ただ、ちょっとした攻撃やダメージで簡単に我を忘れているようではダメですね。だからこそ、自分が打たれ弱いと思っているのであれば、打たれているのは自分本体ではなくて、あくまでもその外側の自分の体に過ぎない、と考えることが効果的だと思います。

そうしたら、状況を回復する手段の用意や、効果的な反撃をするための時間を稼ぐことができます。

総合格闘技の奥深さ

なぜ質の高い練習をしないといけないかというと、**総合格闘技自体が成長過程にある**からです。

強い選手というのは、総合格闘技自体の進化の最前線にいると言えますから、そのような選手に対抗するためには、自分はさらに先に行く必要があります。

どうして総合格闘技が成長過程にあると言えるかというと、前にも述べましたが、やることが非常に多いからです。打撃だけでなくて、レスリングもあり、寝技もある。これらの一要素だけが強い選手というのはいっぱいいます。たとえば寝技だけで争うならとても敵わない人もいます。しかし、そういう人にも総合的には勝つことができる。

現在の総合格闘技の状況を見ると、ボクシングが強くてテイクダウンディフェンスが上手い人たちが現在のトップ層に位置していると思います。

柔術がめちゃくちゃ強かったとしても、組技に持っていくことができない。組技になったとしても、パウンドの強さに差があってそれでやられてしまう。

日本人選手は打撃に苦手意識があるので、組技で勝とうとしますが、フィジカル差で負けてしまうことが多い。さらに近接の打撃戦を嫌ったり、撃ち合いになると目を瞑ったりする。これでは勝てません。

外国人のトップファイターはみんな打撃ができているので、この点では日本人だけが遅れていると僕は思います。**まずは打撃で勝利することを考えるべき**です。

臆病に考える

試合が決まるということは対戦相手が決まるということなので、その相手に勝つことを目的として練習します。

その際にいつもしているのは、**相手を過大評価する**ということです。

本当の実力は、正直、試合の映像を見れば分かってしまうのですが、それでもそれより相手を強く見積もっておきます。そうすると、試合後に「こんなものか」と思うのですが、その状態こそが勝利の秘訣です。

「相手よりも自分の方が強い」という確信は、試合直前か直後に持つくらいがちょうどよくて、対戦が決まった段階くらいからそういう認識でいると危険です。

が、観察眼があると相手の実力が的確に分かってしまうので、心の底から自分の方が強い、と思ってしまうことがあります。こうなると、そのままではまともな練習ができなくなってしまいます。

僕は慢心しない性格ですが、危うく失敗しかけた時期もありました。THE OUTSIDERで二冠を達成したくらいの頃ですが、もう地元の周囲の人間とは実力差がありすぎて、弟くらいしか練習相手がいませんでした。そうなると俺はもう十分に強い、と思い込んでしまうんです。

慢心と自信は紙一重なので難しいんですが、この心理のせいで練習がおろそかになったことがありました。その状態で試合に出たら、負けることはなかったけれど、負けそうになったりしたんです。

東京に出てきてからはトッププロの選手がたくさんいる環境になったので、常に練習で自分の実力を再確認できます。まだまだなところもたくさん見つかるので、もっと練習を頑張ろうと思えます。

対戦相手がいないタイプのことをする場合でもこれは同じです。

人間というのは甘い生き物なので、何かを達成しようとしたときに、そこをゴールに設定しても届かないんですよ。そこで**目標をちょっと高めに設定しておくと、現実でしっかりゴールすることができる。**

言い換えると、実態よりも強い相手に勝てるようなトレーニングをしているということは、本物には勝って当然ということになりますよね。このことが、実は自信の裏打ちにもなっています。臆病に考えて準備することには、こういう二重のメリットがあるんです。

一例ですが、矢地祐介選手との試合では、相手が自分よりも重い階級の選手だから、相当なパワーだと仮定して練習していました。

恐らくテイクダウンされる（グラウンドに倒される）だろう、という前提でいたということです。そこで、戦略としてはテイクダウンされたときにすぐに起き上がれるように練習をしておきました。

実際の試合ではテイクダウンされることはありませんでしたが、仮にテイクダウンされたとしても大丈夫なように準備をしていたので、余裕を持って試合を展開できました。

こうしてみると、**本当の敵は対戦相手ではなく、慢心や油断を誘ってくる自分自身の弱さ**だということになりますね。

ただし、自分がセコンドにつく場合は真逆のアプローチを取ります。たとえば海のセコンドにつくときは「全然いけるよ！」と鼓舞する方向で働きかけます。自信をつ僕の二時間の練習は、だらだらと行われる四時間の練習をはるかに凌駕する。

そして、練習をひけらかすことには何の意味もない。

けさせたいんです。

弟の場合は自信がある方が安定しているので、励ますようにしています。これは他の選手に対しても同様ですね。

僕のように自分に甘いと思う人は、目標を高く、悲観的に設定した方がいい結果になるでしょう。

分析における「空間的想像」の重要性

僕はもともと分析力に長けているということで、自分の試合相手の研究はもちろん、弟の対戦相手の分析も全部やってきました。

ではその分析の秘訣とは何でしょうか。

それは「空間的想像」です。

これは客観視というキーワードと対になっているとも言えます。ビデオや他の人のコメントから自分の姿を描き出すのに対して、**外側から見て得られた情報を自分の主観で再現するというのが空間的想像**です。

とりあえずこれは格闘技の試合に限ったこととして、実際に自分がどういうことをやっているかを説明します。

分析の主な題材は対戦相手の試合映像で、僕はこれを可能な限りたくさん見るようにしています。

このとき見方にコツがあります。テレビなどの試合映像の場合、大体は選手が横並びになっている状態で映っており、展開の中でたまにしか一方の視点にはなりません。つまり、基本的に試合映像というものは客観的、すなわち第三者（三人称）的視点で表現されていると言えます。

これを、主観的（一人称）的視点に組み替えるというのがコツです。つまり、映像では横に映っていても、実際に自分が正面から対峙しているものとして、頭の中で立体的にアングルを替えて見るようにするということです。

そうすると、横から見ているだけではあまり認識できない様々な情報を手に入れることができます。

たとえば、正面から見たら相手のパンチはこういう軌道で繰り出されるんだ、とか。その前段階で肩が上がってガードが空くな、とか。

横から見ているだけだとこういう事実に気づかないことがあり、せっかくの相手の癖や弱点を見逃してしまう可能性があります。逆に、こういう風に考えて相手のことを見ると、ただ映像を眺めているだけでは得られない発見があるんです。

こういう手順で何十試合も確認していくと、不可避的に出てしまう相手の癖が分か

ってきます。

それを割り出したら、この癖を利用して相手の攻撃を回避したり、あるいはカウンターを合わせたりというような戦略的練習を集中的に行って、対戦相手を攻略するようにします。

このように分析さえ適切なら、あとは十分な身体能力があれば、対策の練習をたくさん行って相手に合わせるということが可能です。

とはいえ、高いレベルになってくると、並大抵の実行力では上手くいかないこともある。そういう**壁にぶつかった場合には、フィジカル面の強化が必要になってきます**。

また、アドバイスの意味が分からない、という場合もありえます。これは危険です。格闘家であっても頭のよさが重要だというのは、こういう面からも言えることです。

十分な身体能力があり、アドバイスを理解する知能があった上で、提示された分析が的を射ているかどうかがポイントになってきます。

僕の場合は、自分の頭の中で対戦相手を擬似的に再現できるのでいいですが、なかなか他の人にはこの操作が難しいようです。

そこで、近しい人たちの場合には僕が対戦相手の物真似をしてあげることで対策としています。僕が分析した上で、その対戦相手の動きをコピーするわけです。

弟と堀口選手のマッチアップが決まったときも、僕が堀口選手の動きをコピーして、それに合わせる練習をたくさんしました。

ということで、こういう資質を持った仲間や友人がいたら、ぜひその人に手伝ってもらうといいでしょう。

正直、この能力に関しては得意・不得意が結構出てしまうと思います。

僕は、学校でやる習字や絵、図工の模型製作なども異常に得意だったんですよ。実は父もこういう空間的想像が得意でしたから、僕にはその資質が受け継がれているかもしれません。

そうかと思えば弟にはあまりそういう能力は引き継がれていないので、やはり人によって差が出てきます。

それでも自力でこの能力を身につけたいという場合には、今述べたようなポイントを踏まえて、まず練習してみた上で、答え合わせをしていけばよいでしょう。

試合映像を見て相手のことを再現した場合には、本人と対戦すれば、自分の再現が正しいかどうかを答え合わせできます。その点では、練習の中で仲間とそういうことをしてみてもいいかもしれませんね。

弟について、空間的想像の能力が元から高かったわけではないということをさっき言いましたが、普段から一緒に練習してきたこともあり、今や彼は一人で十分な分析ができるようになっています。

今でも自分で考えたことが妥当かどうかを僕に質問してきたりもするんですが、かなり僕の意見と合致するんですよ。僕が持つような突出した空間的想像の能力に頼らなくても、僕の考え方を練習の中で習得して自分なりに咀嚼したら、他の人でも同じようなことができるようになるんだ、と実証してくれたと思います。

セコンドの意義

こういう分析や物真似による指導って、要はセコンドの仕事なんですよね。そう考えると、セコンドという存在の重要性が分かってきます。

やっぱり僕はセコンドというのは的確であるべきだと思うんですよ。ところが、実際に試合の現場を見ていると、気持ちに関係することばかり言っていることが多い。「前行け!」とか「気持ちで負けるな!」とか「いけるいける!」とか。こういうのは応援と変わらないんですよね。

もちろん応援も大事なんだけれど、セコンドにはもっと技術的な役割があって、**リング上の選手が見えていない情報を与えて、上手く試合を展開できるようにする**必要があるし、そういうサポートができると思うんですよ。

具体的には、明確な指示が出せるといいですね。たとえば「一歩だけ足を前に出してパンチを出せ」とか、「あごを引いてもっとフェイントをかけろ」とかですね。

もちろん指示は相手にも聞こえてしまうんで、そこは注意する必要があります。分かりやすいところだと、もし対戦相手が外国人だったら英語の指示はバレてしまう可能性が高い。だから、ミドルを狙えと言わず「右の中段蹴り」などと言ったりします。

逆に相手が日本語を理解できる場合には、相手の裏をかいたりもしています。たとえば「タックル行け！」とアピールしたりしますよね。そうすると相手はタックルを警戒するので、そこでパンチを出したりするんです。まさにセコンドも一緒に戦っているんですよ。

こういう連携はなかなかぶっつけ本番でできるものではないから、それまでどれくらいの練習をしてきたかがものを言います。**もし現場でアドリブができるとすれば、それまでのセコンドとの積み重ねがものを言うことになる**でしょう。

そもそもの話になりますが、試合中というのは極限状態なので、セコンドの声が聞こえなくなる人が本当に多い。冷静にセコンドの声が聞けているというだけでかなりの実力だと言えます。

僕であってもセコンドに一〇個のことを言われたら、三個くらいしか覚えていられないですね。けれど、聞こえていない人の場合はゼロなので、大きな差になってきます。

相手の対策のために六個くらい技を覚えてきたとして、実際に試合中に使える引き出しは一個か二個だったりする、というのもよくあることです。そういうときに「右、右！」などと指示をして、**技を思い出させてあげるというのも、セコンドの重要な役割**です。

たとえば弟の海とマネル・ケイプ選手の初戦では、相手が寝た状態のいわゆる「猪木・アリ」状態になったら、ジャンプで飛び越えて頭を狙ってサッカーボールキックをするという練習を集中的に行っていました。

なので、僕はセコンドから「練習した！」と叫んでその技を思い出させました。海も覚えていたみたいで、決まりはしませんでしたがしっかりそれを狙っていけました。

こと僕に関して言えば、自分で自分のセコンドをしているようなところもあるので、他の選手と比べればそこまでセコンドの重要性は高くないかもしれません。いなくてもいいとは言いませんが。

何があっても大丈夫なように準備すればするほど、その予想と違ったことが起きると狼狽えてしまいます。

僕であっても、絶対に当たると思っていた攻撃が当たらなかったり、相手のパンチ力が予想より強いとなると、少し自信が揺らぐときもあります。

もちろんそういう想定外のことが起きたときにどうリカバリーするかも考えているので、大事なのは素早く切り替えることです。ただ、切り替えができず余計なことを考えてしまうようだと、かなりダメージを受けていることになりますね。

もっぱら僕のセコンドについてくれるのは海と、それから今所属しているトライフォース赤坂のオーナーである堀鉄平さんです。二人とも冷静かつ的確なセコンドです。彼らのアドバイスと自分の考えていることが多くの場合一致しているので「ああ、間違ってなかったな」という感じで、自信になりますし、切り替えにも役立っています。

減量期はどうするか

僕の減量は、他の格闘家と比べれば厳しくないと思いますが、それでも楽とは言えません。

通常体重は契約体重に対して八キロくらい多いはずなので、一ヶ月くらいかけてこれを落としていくことになります。必要となったら、一〇キロくらいは落とせるかと思います。

やり方は特別なことはなくて、食事を制限しつつ、運動量を増やしていくという感じです。単純にスパーリングの量を増やして、食べるご飯を少なくする。糖質少なめ、タンパク質多めの食事にします。

食べ物については、**減量が始まったら僕は一日一五〇〇キロカロリーの摂取に抑えます**。僕の基礎代謝は一日二〇〇〇キロカロリーくらいなので、これだけでも体重は減りますが、さらにここから追加で二〇〇〇キロカロリーくらい減るように運動します。そうすると二五〇〇キロカロリーくらいマイナスになります。

七〇〇〇キロカロリーほどマイナスになると脂肪が一キロ減りますので、減量期は三日くらいで脂肪が一キロ減るという計算でスケジューリングします。

ただ、**減らしてばかりだと停滞期が生じます**。計算通りに体重が減らなくなるんですよ。冬眠状態みたいなもんで、体が消費カロリーを勝手に抑えてしまう。

そこで、**停滞期が来ないように体を騙すためのチート・デイを設ける必要があります**。この日は好きに食べるようにします。

近年僕はあまり減量で苦労した覚えがないんですが、これは上の階級で戦っていたせいですね。適正階級でやる場合、やはり減量はきついです。

ある程度まで減らしたら、最後は水抜きを行って目標体重まで持っていきます。水抜きは危険で、これで死んだ格闘家もいるくらいです。実は僕も水抜きで失敗して大変なことになったことがあるのですが、このエピソードは後で解説します。

THE OUTSIDER　啓之輔戦はこう備えた

実戦ではどういう準備をしたか、少し具体的に振り返っていきましょうか。

まずはTHE OUTSIDER、六五‐七〇キロ級のタイトルマッチである啓之輔選手との対戦です。

彼はその階級のチャンピオンで、かつ、〝ミスター・アウトサイダー〟と呼ばれるような看板選手でした。だから、彼を超えることができたら、色々なものが手に入るかもしれないと期待を持っていた試合でもありました。そのため、タイトルマッチが組まれる以前から彼との対戦を折に触れて要求していました。

ただ、**実力的にはすでに自分の方が上回っている**と思っていました。タイトルマッチの前の、王者への挑戦権をかけたトーナメントに参加している時点から。

それよりも前は「たぶん勝てるだろう」という感じだったのですが、その時点では「やれば勝てる」という確信に変わっていました。打撃も、寝技も、全部の面で根本的に僕が上回っていると思っていました。

啓之輔選手は王座にはいたけれども結構敗北も喫していて、一方の僕はトーナメントを勝ち上がりながら成長している最中でした。僕から見ると、啓之輔選手は成長が止まっているように見えましたね。

むしろこの時期は、試合のためのコンディションを整える方に苦労していました。というのは、現在とは違って、当時は設備関係の仕事をしていて、そっちにかなり時間を取られていたんです。

朝五時に起きて、それから準備と移動をして、八時くらいから夜の六時まで仕事でした。現場も結構遠かったので、移動で時間を取られるのもきつかったですね。まあ、その移動時間に試合映像を見たりして工夫をしていたんですけど。

それで、帰宅して準備してようやく夜八時ぐらいから練習するんですが、できるのは多くて二時間くらいでした。帰ってきて十一時とかに寝ていたと思うんですけど、八時間睡眠を確保したかったのにそれが全然できなくて、疲れているのに十分休めなかったので、悪循環がひどかったです。

その一番ひどいところが出たのが啓之輔選手との試合当日でした。前日も普通に現場で働いていたんですけど、それが炎天下だったもので、熱中症になってしまったんです。病院で注射を打っていったんですけど、熱も下がらないし、コンディションは最悪でした。

このような事情もあり特別な対策はしていませんでしたが、分析はしていました。たとえば啓之輔選手は関節技に定評がありました。しかし、**実はテイクダウン能力が低かった**んです。ということは、相手が転がった際に下から三角絞めか腕ひしぎ十字固めを狙われるくらいしかないので、そこだけを気をつければよかったんです。もし揉み合ったとしても、自分が下になるということは考えられなかったので、対応は容易でした。

試合ではカウンターで右フックがヒットして、そこからの追撃でKOになりました。客観的な実力差を証明できたと思います。

THE OUTSIDER　樋口武大戦はこう備えた

六五－七〇キロ級のベルトを獲得した僕は、下の階級である六〇－六五キロ級の王者だった樋口選手に挑戦しました。

この樋口選手は、それまでの公式戦で僕が唯一敗北した相手でした。

THE OUTSIDERに敵がいないということを証明するために、それまで誰もやったことがなかった二階級制覇をしたかったというのと、ここを卒業して次のステージに行く上でも、リベンジをしなければならないと僕は思っていました。

そもそも六五キロ級が僕の適正階級だったので、「何で俺の方が強いのにあいつがチャンピオンなんだ？」という気持ちもありました。

もともとはこの階級のトーナメントに出ていたんですけど、怪我で欠場しちゃったんです。一回戦の相手が怪我で脱落して不戦勝になったかと思いきや、運命的にDark Rikutoという強い選手と対戦することになりまして、勝ったんですけどその試合で拳が折れてしまったんですよ。

その後、このトーナメントを最終的に制したのが樋口選手だったので、彼が王者ということになりました。僕が取るはずだった王座でもあり、リベンジの相手でもあり、と色々なタイミングが重なっちゃったので、もうやらないわけにはいかないと思っていました。

と同時に、負けたら終わりだと思っていました。**同じ相手に二度も負けたら格闘技人生終わりだ**、と。自分の方が強い、勝つ自信がある、という状態だったからこそ余計にそう思いましたね。

樋口選手は全体的に啓之輔選手の上位互換という感じでした。

特に寝技の技術は僕より上だと考えていました。一方で、打撃については僕の方が絶対的に強い。なので、**テイクダウンさえされなければ勝てる**という見込みでした。そして、テイクダウンされることは無いと思っていたので、寝技で勝負する可能性もない。これが僕の自信の根拠でしたね。

試合では左のハイキックをヒットさせて、そこから裸絞めで一本を取りました。

ROAD FCはこう備えた

二階級制覇により、THE OUTSIDERには敵がいないことを完全に証明した僕は、弟とともに韓国の総合格闘技団体ROAD Fighting Championship（ROAD FC）に参戦します。

一戦目のオ・ドゥソク選手にはTKOで勝利しましたが、二戦目のイ・ギルウ選手に判定負けを喫しました。

実はいくつか**はっきりした敗因があります。一つは、レスリング力が低かった。**これは相手が優れていたというよりも、トップレベルのMMA（総合格闘技）において自分に何が足りていないのか、という問題だったと思います。

もう一つは環境の変化ですね。この頃に愛知から東京に転居したので、生活が整っておらず、まともな練習ができていませんでした。そして、実はこの時期にレーシックをしたんです。

もともと僕はめちゃくちゃ目が悪くて、視力が〇・〇二くらいでした。その状態でオ・ドゥソク選手とは戦ったんですが、その後にレーシックをしたので、二戦目のイ・ギルウ選手と対戦したときには視力が一・五以上になっていました。

ここだけの話ですが、**視力が低かった頃の方が集中できていました**ね。相手の表情が見えないおかげで余計な情報もなかったですし、視力に頼らない打撃の〝当て勘〟の感覚も、この視力だったからこそ研ぎ澄まされたんじゃないかと思います。

ともあれ、さすがにこれだけ視力に劇的な変化があると、ちょっとリング上の感覚に違和感がありました。今となっては、なんであんなパンチをもらったのか分からないという感じです。

それさえなければ、当時としてもそこまで相手との実力差はなかったと思います。ただ、その敗戦があったおかげで勉強になりましたし、成長もできました。もしいま再戦したら絶対に勝つ自信がありますね。

RIZIN　日沖発戦はこう備えた

THE OUTSIDERでチャンピオンになって、マイクパフォーマンスで「大晦日にテレビで見てもらえるような試合をする」ということを述べていました。そのときからRIZINに出ることを意識していたのですが、すぐに実現することになります。

ただ、適正な階級の相手がいなくて、少し相手に困っていました。最終的にマッチングされたのが日沖発選手でしたが、彼はフェザー級だったので、六三キロ契約などで試合をしていた当時の僕からすると、**一階級上の相手**だったんです。他に試合相手がいないというならそれでも仕方がないからやるか、という感じでした。

日沖選手は修斗の元世界王者でもあり、かつUFCでの試合経験もあるという、**キャリア的には僕よりも圧倒的に上の選手**です。特に寝技の技術は世界でもトップレベルで、試合が決まったときには誰もが、僕が負ける、と言っていました。

僕としては、対戦相手の性質としては啓之輔選手や樋口選手と同じで、**テイクダウンさえされなければ負けることはない**と思っていました。**打撃面では僕の方が上回っ**

ていると感じたので、徹底して寝技には付き合わないという作戦を立てました。

その準備として、毎日三試合ずつくらい、日沖選手の過去の試合の映像を見ていきました。結構、二周目に気づくことがあったりするので、数をこなすことが大事ですね。この確認は試合直前の控室でまで行っています。これは日沖選手に限らずにやっていることですね。

それこそ一〇年以上前の試合も見るわけですけど、昔過ぎて参考にならないと思いきや、実は変わらない癖があったりするんですよ。一〇年間変わらないということは、試合当日もまず変わらないでしょうね。

具体的には、**上体が起きている状態でストレートを繰り出すときのモーションの入り方や、左フックの入り方に特徴がありました。**

また、反り投げを得意にしているということも明らかだったので、事前に明確に押さえておきました。おかげで当日も反り投げを仕掛けられましたが、きっちり防ぐことができました。どういう技をどういう流れで繰り出してくるかをしっかり認識しておくと、かなり防御が上手くなります。

余談ですが、技を防ぐためには、動体視力のよさというのも必要になってきます。こういうと、持ち前の資質が不可欠なんじゃないかと思われるかもしれませんが、スパーリングをこなしていく中で鍛えることができます。

相手のパンチをしっかり見ることができるかどうかというのは、現代のMMAで勝っていくためには極めて重要なポイントです。

どうしても上からパンチが来ると目をつぶってしまいがちですが、そこをびびらずにしっかり見ていくことをしてきたので、僕や弟は成長できたんだと思います。

どうしてこれらの面がポイントになるかというと、繰り返しになりますが、現代のとりわけ日本人の総合格闘技の選手たちの方針が、組み技に偏っているという事情があるからです。外国人選手とマッチアップすると、みんな打撃でやられているという印象はありませんか。

そもそも外国人選手は日本人と比較するとフィジカルにめぐまれているので、打ち合いは不利だと考えて組み技に行くのですが、その戦略を取ってもし組み技で負けてしまったら、もう全く勝ち目がなくなってしまう。

世界で勝負するなら打撃を強くしなければいけない。僕や海、そして堀口選手などは、キックボクシングのトップ選手ともスパーリングできるレベルです。こういう総合格闘技の選手をもっと増やしていかないといけない。

日沖戦に話を戻すと、打撃で勝利したわけですが、**寝技に付き合わないだけでなく、強打で倒してやろうという明確な意志がありました**。

試合の中でかなり戦略的に動いていて、たとえば大振りの攻撃やノーモーションの打撃を見せることでフェイントをかけ、寝技を牽制《けんせい》するためにボディを多めに打ちました。

ただ日沖選手は組んで戦おうとしていたので、左のミドルキックが屈んだ頭にヒットした形です。これが決定打になってTKOできました。

RIZIN ダウトベック戦はこう備えた

次はカルシャガ・ダウトベック選手です。彼とトップノイ・タイガームエタイ選手という、二人の外国人ファイターを朝倉兄弟で迎え撃つというようなコンセプトがありました。

相手の知名度がそこまでないので勝てるでしょ、というような雰囲気をRIZIN側からは感じたんですけど、とんでもないですよ。試合映像を見た瞬間から「こいつは相当強い」と感じました。

そんな強い選手との試合を日沖戦の一ヶ月後に組んでくる。たまたま日沖戦で大きな怪我をしなかったからよかったんですけど、RIZINもとんでもないですね。

ダウトベック選手は調べてみるとめちゃくちゃKO率が高くて、マレーシアで行われたキックボクシングの世界大会でも優勝しているし、打撃面は相当強かった。特に左パンチが凄くて、一撃を食らったらみんな棒立ちで倒れちゃうという感じでした。

ということで、左のパンチをもらわない練習と、彼の右足が内側に向いていたので、そこをローキックで攻めつつ、寝技で攻める作戦を立てました。

ただ寝技については、相手は打撃だけで勝利していたので、寝技の実力は未知数だったんですよね。だからこちらの方が寝技の実力がある、という仮定のもとに戦略を組み立てました。そして実際に試合ではかなりグラウンドで戦いましたが、相手が想定よりも寝技ができてびっくりしました。

とは言え、全ラウンド僕が優勢だったと思います。試合結果としては判定勝ちとなり、厳しい試合となりましたが、実際には圧勝だったと言えるでしょう。


ダウトベック戦までの準備には本当に時間がなくて、正直、練習よりも休息に時間を使いました。

いくら大きな怪我がなかったとはいっても、リング上で試合をしたら拳も傷みますからね。もっと時間があったらより優勢になったかというと、そういうこともなかったとは思いますが、この時間なりにできる限りの分析と対策をしたという感じです。

もし今の僕が対戦したら、たぶんフィニッシュまで持っていけるでしょう。

RIZIN リオン武戦はこう備えた

それから三ヶ月ほどして組まれたのが大晦日のリオン武選手との対戦カードです。

彼については、初見から僕の方が実力が上だと思っていました。その上で注意点としては、**相手の右パンチに気をつけるというのと、非常に打たれ強い選手だったのでそれを頭に入れておく**、ということでした。僕と戦うまで二〇試合くらいKOされていなかったんですよ。

リオン選手も総合的に戦えるファイターだったので、いつもの流れですが、**テイクダウンされないようにして打撃で仕留めるというプラン**を取りました。

相手より自分の方が強いと考えているとはいえ、相手の得意なところで勝負していいことにはなりません。特に、**今の総合格闘技においては組み技で下になるというのは非常に不利なこと**なので、テイクダウンはどれだけ警戒してもしすぎることがない。

いくら寝技が上手くても、十分に対策されていたら下から極めるというのは厳しいですし、立ち上がる動作でかなり体力を消耗してしまいます。無意味に疲れないことは大切です。

細かいプランについては、最初のラウンドで実際に試合をしながら情報収集し、分析して決めました。ラウンド中にも分析を重ねるので、対戦相手からしたら最終ラウンドの僕が一番きついでしょうね。

最終的に、二ラウンド目の序盤、リオン選手が頭を下げたところに左の膝蹴りが当たって、そのままKOになりました。

ただ、色んなところで言っていることですけど、試合で僕が食らったリオン選手のノーモーションの右パンチは凄く高度な技術だと思いましたので、その後に盗んで僕の技にしました。その次のグスタボ戦でもさっそく活用しています。

RIZIN　グスタボ戦はこう備えた

次の試合が僕の中では最大の山場だったルイス・グスタボ戦です。四月に試合があったんですが、二月には決まっていたはずです。

この試合は、あらゆる意味で出るかどうか悩みました。まず**フェザー級に階級を上げたというのに、今度はさらに一つ上のライト級の選手をあてがわれた**わけです。「またですか？」と思わざるを得なかったですね。

もともとこっちはバンタム級の選手なんだぞ、というところもありますから。最終的には六八キロ契約になったので、それならまあ多少はフェアかなと思って受けることにしました。

次の問題として、季節が非常に悪かった。実は僕、ひどい花粉症なんですよ。試合当日もひどいことになることが想定されますが、その日までの練習やトレーニングにだって大きな影響が出るので、ちょっと万全のコンディションとは言えない。

ただ、試合自体は四月後半だったので、試合当日には花粉も収まっているだろうと推測していました。

ところが、これは僕の失敗談なんですが、試合に際して一番やばい悪条件が生じてしまいました。実は**計量前日に、水抜きに失敗して倒れてしまった**んです。人生初の失神だったこともあり、かなり焦りました。

なんでそんなことになったのかというと、まだ二キロくらい体重が上だったこともあり、サウナで水抜きをしていたんですが、入りすぎてしまったんです。ちょうど一緒に入っていたおじいちゃんがいて、めちゃくちゃ我慢強かったんですよ。全然サウナから出てくれなくて、勝手に根比べをした結果、朝倉未来、人生初のKO負けを喫しました（笑）。

ちなみに僕がどういう風に水抜きをしているかを説明します。

だいたい計量前々日の夜から始めて、四キロくらい水分を抜くという感じです。手法は半身浴だったりサウナだったりですね。

サウナで倒れたということを反省して、現在は半身浴のみに切り替えました。一五分ほど半身浴すると三〇〇グラムくらい汗で体重が落ちるので、これを二〇回くらい繰り返します。後半の方は汗の出方も悪くなって、唾液も出なくなるんで、普通にイメージされる脱水症状を超えた状態になってしまいますね。水抜きで死ぬ人がいるのは、こういう事情があるためです。

こうして見ると僕が試合で苦戦しているときって、事前に悪条件が重なっていることが多いですね。階級やコンディションがいかに大切かが分かります。

さてグスタボ選手の分析です。

彼は直前のRIZINで矢地選手と試合をしてKO勝利していたので、この試合は何度も見ました。その際気づいたのは、**テイクダウンされたときに下からの対処があまりできていない**ということです。**相手の攻撃でポイントになるのは右ハイキックと飛び膝蹴り**かなと見ていたので、そこに合わせる練習を考えました。印象としては、攻略はできるなという感じでしたね。

僕は相手の弱いところで戦うことができるので、試合によってスタイルが変わります。もし試合中に想定外のことが起きたら、プランも変更しないといけないですし。そもそもプランも一個だけで試合に臨むということはなくて、大体一〇個は持っていきます。あまりプランが潰れずに済んだら、ラッキーという感じですね。

ただ、それまでの人生ではプランを使い切るなんてことはなかったんですけど、グスタボ戦ではほとんど使い切ったという印象です。それで焦ったということはないですが、厳しい勝負にはなりました。

結果として三対〇の判定勝ちになりました。僕は常に相手をKOしたいと思っているし、可能だったら早く終わらせたいと思っていますが、試合の見せ方としては判定もありだな、と最近は思っています。

なぜなら、**実力が拮抗していて見ごたえがある試合での判定だったら、ラッキーパンチで終わった試合よりも、本質的に自分の方が相手より実力が上だったことを証明できる**、と思えるようになったからです。

そして、判定で終わるということは最終ラウンドが終わるまで試合がもつれ込んでいるということを意味しますから、少なくとも僕がやる限りにおいては、それは面白い試合だったと思うんですよ。なぜなら、僕の試合というのはKOで終わることが多いからです。

だから、だらだらと時間を引き伸ばしているのではなく、最後の瞬間までいつ試合が一撃で終わるか分からないというヒリヒリした緊張感を、試合終了まで観客の皆さんに与えることができていたと思うんですよ。

最近は、より一層そういう試合をしようと心がけています。しんと静まりかえった会場の中で、僕が繰り出したパンチや蹴りによって大きな歓声が湧き、観客が知らず知らずのうちに全神経を集中させて勝負の行方を見守っているというような、そんな試合をしたいと思っています。

RIZIN　矢地祐介戦はこう備えた

それで、次の試合が矢地選手との対戦です。

彼との試合に際しては、RIZINの煽りVや、リング上でのマイクパフォーマンスなどで、あたかも骨肉の争いを演じているような凄い見え方になっていましたけど、こちらとしては矢地選手に対して、実際に発言していた以上のことは本当に何も思っていませんでしたね。

ただ、正直RIZINにはむかついていましたね。何でまたライト級の選手とやらなければいけないいんだと。

しかも契約体重も七〇キロなので、さらに二キロ増えています。こうなると当日は結構体重差が出ることが想定されます。

相手の方が確実にフィジカルの優位があるわけです。純粋な実力が拮抗しているとき、相手がフィジカル面で優勢だとしたらそれで負けちゃいます。

しかも、矢地選手はここまでで二連敗しているわけで、何で全勝している僕の方が体重を合わせるというハンデを負わなければならないんだ、とも思っていました。

ここまでお膳立てして万が一にも敗北してしまったら、失うものが多すぎてやばいですよ。僕のリスクはあまりにも巨大でした。

それでも試合を受け入れたのは、グスタボ戦の分析経験からまず勝てるだろうと踏んだことと、そして試合が盛り上がるのならばそれもよいか、と思えたからです。

当日体重の問題もあるので、矢地選手に勝っているグスタボ選手に僕が勝っているからといって、必ずしも僕が有利とは限りません。と言うか、矢地選手は別に弱くないんですよ。RIZINでも五連勝していましたし、むしろ結構強い方だと言えます。

そんな人と上の階級で体重を合わせてやるっていうのはきついことなので、本当に細かいところまで対策はしました。

ラッキーと言えばラッキーですが、彼が対戦したグスタボ選手の試合をたくさん見ていたため、そこに出ていた矢地選手のこともかなり見ていた状態だったんです。

おまけに矢地選手も僕もサウスポーなので、グスタボ選手を分析するのも矢地選手を分析するのもかなりやりやすかったですね。自分自身と比較して見たりもしていました。

なぜここでこうできなかったんだろうとか、この攻撃は僕はもらわないな、とかそういうことを考えて見ていました。

相対する上では足の向きをかなり重視しました。勝負を分けた要素というか、一番の弱点だと思ったからです。というのは僕は蹴りがめちゃくちゃ強くて、練習でもローキックを二、三発受けるとみんな立てなくなっちゃうんです。

そういう強力な蹴りが入るなら、そこから他の色んな技も入れていけるということを意味します。

試合中、矢地選手は前に出ている足が内側に向いていました。この状態だと、相手の蹴りに反応して膝を外に向けようにも、動作の量が増えてしまうため、蹴りのカットが間に合いません。そうなるとダメージが蓄積されますから、実際三ラウンド目では脚がかなり腫れ上がっていたと思います。

矢地選手も結構ローキックを多用していたんですけど、彼の蹴りは距離を測ったり反応を見たりするための、腰が入っていないものだったので、僕のダメージは微々たるものでした。だから受けてしまってもいいやと判断しました。

他方、僕の蹴りはかなり腰の入った本気のものなので、同じ数だけヒットしていたら僕の方が与えるダメージが大きいです。

もし僕が矢地選手のセコンドについていたら、もっと近くでやり合うようにアドバイスしたと思います。矢地選手はインファイターが得意じゃないので、ずっと遠い距離で試合をしていました。しかも接近すると目をつぶって殴り合ってしまうんで、そこも不利ですよね。テイクダウンも取りにくい。

覚悟を決めて、打たれてもいいやという気持ちであごを引いて距離を詰めていたら、もっと違った展開があったでしょう。もちろん、僕のパンチが強打なので、言うは易し行うは難しという面もありますが、そこが活路だったと思います。

矢地選手に限らず、撃たれる覚悟を決め近距離で撃ち合いができて、かつそこにテイクダウンを織り交ぜてこれる選手がいたら、かなり対戦相手としては面倒なタイプになると思います。逆に、打撃か寝技のどちらかしかないのであれば、全く恐れるに足らずです。

僕がよく言っている、得意なタイプは打撃ができないグラップラーで、苦手なタイプは打撃ができるレスラーだ、というのはこういう意味です。

セコンド編　朝倉海と堀口恭司の対戦はこう準備した

最後に、みなさんも興味があるでしょうから、別の選手の参謀やセコンドとしてはどういうことをしているかを紹介します。

二〇一九年八月の「RIZIN.18」で弟の海とRIZINバンタム級・Bellatorバンタム級二冠王者の堀口恭司選手の対戦が組まれました。

これは弟の危機でした。キャリアが違いすぎる上に日本とアメリカの二団体での現役王者ですから、相手としてはこれ以上の人がいません。

しかし、弟はRIZINではまだ三戦しかしていなかったし、さすがに早すぎる対戦であることは明らかでした。

そこから僕は**堀口選手の対戦映像を、修斗時代からUFCまで、存在する映像については全て三回以上見ました。**そもそも僕は弟の対戦相手の分析をいつもしてあげているんですけど、今回は本当に徹底的にしました。普段は何だかんだで勝てるだろという気持ちでいるんですが、この試合ばかりは不安がないわけではなかったですし、周りの人たちも九九パーセント弟が負けるだろうと言っていたと思います。

映像を研究して、堀口選手の弱点や癖を全部洗い出しました。これは統計を取るような感じで、それこそノートにまとめながら研究しました。

たとえば堀口選手はオーソドックス（左腕が前に出る構え）ですが、**オーソドックスの選手同士で対戦した場合、九〇パーセントの割合で一発目に右のローキックを出してきます**。

また、**オーソドックス同士の場合、こちらが左フックを打った際に繰り出される堀口選手の右ストレートでのカウンターがクリーンヒットする可能性が非常に高い**ことも分かりました。得意だということですね。だから弟には「左フックの入りは使っちゃだめだ」と強くアドバイスしました。

打撃が強いイメージがあるので、堀口選手の対戦相手はフェイントに翻弄されがちです。そうすると右ストレートが入ってしまうので、相手のフェイントには最小限の対応をしていく必要もあります。

そんな**強力な右ストレートですが、堀口選手はこれを打つときに左に顔がちょっとずれる**んですよね。だからそれを意識すると、カウンターが当たるようになります。

こういう感じで、ステップの踏み方から技の入りまで詳細に分析しました。この分析を元に練習して、全ての弱点に合わせられるようになったんですが、問題は練習方法ですよね。弱点が分かっていても実際に動けなければ意味がない。

ここでも空間的想像が重要になってきます。たとえば、右ストレートの際に顔が左にずれるということは、こちら側から見ると右側にずれるということですよね。じゃあずれたところにパンチを当てるときこちらの体はどう動くのかとか、そういうことを全部確認する必要があります。

とはいえ、空間的想像も結構難しいので、スパーリングパートナーと練習することになるのが現実です。が、堀口選手に似ている選手ってほとんどいないので、普通の選手では練習にならないんです。

小柄だけどリーチの差をなくすような動きをしていて、一瞬で距離を詰めるスピードがあり、他の選手にはないステップをする。おまけに目もよくてパンチ力がある。様々な要素を兼ね備えている選手で、勝つべくして勝ってきていると思いました。

これを似せようとなると、並の空間的想像力では再現できませんね。弟の場合は、僕が堀口選手の物真似をすることで徹底的に対策することができました。ミット打ちからスパーリングまで、完全に堀口選手のようにして練習に取り組みました。

僕自身は、ちょうど雑誌の企画で堀口選手本人とも軽くスパーリングをしたので、自分の見立てが正しかったことを確認する機会もありましたね。非常に優れたトップ選手ではあるが、その強さには異質なものがあって、その異質さの裏返しとして弱点がある。

もっとも大きな弱点として、堀口選手のパンチ力があります。凄まじいスピードの踏み込みで繰り出される必殺のパンチですが、その威力で突進しているので、クロスカウンターをもらったら相手の攻撃力以上のダメージを自分でもらってしまいます。**堀口選手のパンチは諸刃の剣**なんです。

そして、僕はこのクロスカウンターこそが試合の鍵だと思っていました。

これが入るか入らないかで展開がかなり変わってくる。だからめちゃくちゃ練習しました。実際の試合で相手に当てるためには、相手の動きを読んだ行動をしないといけないので、練習ではかなりリアルにシミュレーションをする必要があります。

単純に堀口選手が右ストレートの際に顔が右にずれるからそこに合わせる、というよりも、「**次に動く場所にパンチを出す**」ということです。

こういう対策を積み重ねてきたので、試合目前の頃には僕としては「海が勝つ」と確信していました。

そして、実際の試合では一ラウンドＴＫＯという、想定以上の成果を得ることができました。その決め手が、堀口選手の右ストレートに対するクロスカウンターだったので、やはり僕らの対策が適切だったということをこの上なく証明していたと思います。

僕の中では、三ラウンドまでもつれ込んで判定で勝利するプランを立てていました。というのも、堀口選手はこれまで一度もKO負けをしたことがなかったからです。

このプランは今回は使いませんでしたが、いずれ海も堀口選手と再戦するでしょうから、そのときに役立ってくると思います。

具体的には、堀口選手が得意技である踏み込みからの右ストレートでダウンを取られているということで、今後は迂闊に繰り出されなくなってくると思うんですよね。そうすると、堀口選手としてもやりにくいでしょうが、こちらとしてもクロスカウンターを取る機会は少なくなる。

じゃあどうするかというと、堀口選手からしたらテイクダウンや寝技を狙ってくると思うんです。実はそこでも対策を考えていたし、テイクダウンディフェンスの練習もしているので、レスリングの勝負になったとしても、堀口選手が驚くことになるのではないでしょうか。

余談ですが、僕自身や海も、僕が客観的に見る限りでは弱点がいっぱいある選手です。だから、僕が相手方のセコンドについたら、かなり有利になるのではないかなと思います。

最終的には気持ちの強さ

自分が試合をするにしても、人のセコンドにつくにしても、最終的に大事なのは気持ちの強さです。リング上に一人で立ったとき、最後はそれしかないと思います。気持ちの強さというのは、諦めないことです。関節技を決められていても激しく殴られていても、自分たちからは簡単には「参った」をしませんから。

僕自身が気持ちの強さで勝ったかなと思ったのはグスタボ戦ですね。階級が上の選手との対戦なので、当日の体重にはかなりの差がある。

それでも全ラウンドで優勢を取りました。実力が拮抗していればしているほど、気持ちの強さが重要になってきます。

また、想定外のことが起きたり、相手が自分の分析を上回る強さだったりすると気持ちが試されますね。相手も、準備期間の間に凄く成長しているかもしれないし、僕らのような対策を打ってくるかもしれない。

僕なんかは相手をかなり強く見積もって臆病に準備しますから、それを上回ってくるとしたらかなりのものです。ここで出した例で言えば、ダウトベック選手がそうでしたよね。未知数だった寝技がかなりの実力だった。そういう予定外のときに自分を保つために、気持ちの強さが求められます。

僕と弟は性格や少年時代の境遇はかなり違うんですけど、生来のものか、そういう気持ちの強さには共通の面があると思います。でも、こういう強さは鍛えることができるはず。

気持ちの強さが大事なのだ、ということを知ってもらうことが、それを鍛えることの第一歩になると思います。

WINDY

死・覚悟・夢……
いかなる目標も実現する
強者の精神的工夫とは

The way of Mikuru Asakura

第三章

強者のメンタル

メンタルの強さの根源は〝死ぬ覚悟〟

プロ格闘家と他の職業の人を比較したときに、決定的に違うのは、**リング上で死ぬ可能性がある**ということです。

そうでなければリングドクターが常に試合についているなんてことはないですよね。ステージでパフォーマンスをしているときの事故などとは全然違います。また、前にも触れましたが、減量や水抜きに失敗して死んでしまう人だっています。

格闘家は武士に似ていますね。すぐ近くに死の可能性がある。だから、逆に言えば覚悟がなければリングの上には立てないと思います。少なくとも、僕はリング上で死ぬことへの恐怖感はほとんどないんです。いつ死んでもいいな、とすら思っています。

これは僕に限ったことかもしれませんが、僕にとって、**死とはご褒美**です。なぜなら、生きているとそのためにしなければならないことがあって、それがつらいと感じるからです。

朝、起きなければいけないし、起きたあと色々準備をして、働いたりしないといけない。僕は今は楽しく生きていますけれど、それでも生きているだけでやらなければいけないことがあるという点は、変わっていないですね。

でも、死んだら全部終わりですからね。死んだあとのことを考えて何かしたりする人もいると思いますけど、死んだあとのことは自分には関われないことなので、本当におしまいです。

だからこそ、凄く楽になれることなのかな、と思っています。死ぬことは、ただの終わりです。

しかし、これは僕が死にたいと思っていることを意味しません。生きたいと思って日々を生きています。

それでも、全ての人はいつか死ぬのであって、僕はその死ぬかもしれない可能性が凄く身近なところで生きてきたので、死に対する感覚は研ぎ澄まされていると思います。

僕はリングに上がったら死ぬかもしれない。でも、それは死ぬためにやっているわけじゃない。**生き残るためにリングに上がっている**んです。その挑戦の結果死ぬことになったら、仕方ないことだと思っています。

だからこそ、死ぬことは怖くない代わりに、負けることが物凄く怖いですね。今だって怖いです。

試合に出続ける限り、常に負ける可能性がある。

ではその恐怖をどう越えるかというと、まさに「死ぬ気でやる」ということですね。開き直っちゃう。だから、死ぬことも怖いし、負けるのも怖いと思うようになると戦えなくなってしまう。

本当に死んでもいいと思っているからこそ、心の底から開き直れるのだと思います。死んでもいい、どんな怪我をしてもいいから、リング上では死ぬ気でやろう。その気持ちが背中を押してくれる。

開き直ると、僕は生を感じます。死ぬことを実感するとき、生きていることもまた実感できるんです。

不良時代、いつも危ない戦いをしてきました。ひどいときは、悪い人たちから殺害予告などを受けていました。こういう危険な境遇でのストリートファイトが好きだったのは、そんな戦いの中でだけ、自分の生を実感できていたからなのだと思います。そういう乗り越えの中で、自分のメンタルも鍛えられてきたのでしょう。

本当に死んでもいいやと思えるなら、目の前の壁を必ず越えることができるでしょう。もしもあなたが死んでもいいと思っている状況なら、他にできることが必ずあるはずです。

“心が折れる”前に休息を取る

自分なりに目の前の目標に向かって頑張っている中で、**なかなか成果が出ず、心が折れそうになったり、実際に折れてしまったりという人もいる**と思います。

こういうときには休息を取ることが大切です。減量で言うならチート・デイを持つようなイメージです。しっかり体を休めたり、今取り組んでいることと全然違うことをやってみたりしてもいいと思います。

物事を簡単に諦めちゃうのが一番よくないことですが、悪いコンディションで一生懸命取り組んでも、いい方向に行くとは限らない。もしかしたら取り組んでいたことは本当にはやりたいことではなかったのかもしれない。だから必要以上にやつれてしまっているのかもしれない。

もう一度立ち上がるためにだったら、全然休んだっていいんですよ。

自分の意欲が減退しているときって、せっかくのやりたいことをやっているはずなのに、パフォーマンスが出なかったりする。でも休憩したら、意欲が回復するかもしれないし、また別の観点から現状を見ることができるようになるかもしれない。

でも
ているから、
開き直れる。

めに
がっている。

本当に死んでもいいと思っているけれど、心の底から生き残るためにリングに上がる

本当に死ん
いいと思っ
心の底から
けれど、
生き残るた
リングに上

一回すっぱりと取り組んでいることから離れて、また本当にやりたいと思ったら全力を投じるのでもいいと思います。

本当にやりたいというメンタルをキープできたときに、人間は一番成長できるのだと思います。だから、そういう状態に心身を回復させるというのはとても大切なことです。

ちなみに、試合後などで体力的に疲れたときは、僕ならめちゃめちゃ休みます。たくさん寝ますし、半身浴なんかを混ぜながらだらだら過ごします。そんな状態で練習をしても意味ないですからね。意味のないことはしないに限ります。

精神的に疲れたら

現代の病としてうつ病があります。僕はこういうものとはほぼ無縁ですね。それは、自分がやりたくないことをやらず、自分がやりたいことを自分の選択でやっているからだと思います。

こういう病は、精神というよりはむしろ社会的な病だと思うので、たとえば職場の人間関係が原因で病んでいるとかいうのであれば、状況を変えるようにするべきだと思います。

職場に限らず、何か日常的に望まないストレスを感じる環境にあるのであれば、環境を変えた方がいいでしょう。たまたまの出来事でやつれているなら、ちょっと休憩すればいいんです。

そんな僕ですが、実はうつになりかけたことがあります。

かつて僕は、本気でタイムマシンを作ろうとしていました。不老不死には興味がないんですが、時間操作には興味がありました。色んな世界を見てみたかったんです。戦国時代も見てみたかったし、未来の世界も見てみたかった。

何事も、絶対に無理なことはないんだと考えているので、まずは勉強してみようと思って、図書館で本を読んで学び始めたんです。そこで時間の概念やアインシュタインの相対性理論について勉強していくうちに、宇宙の広さに直面してしまいました。

宇宙の広さから見れば、地球は砂浜の砂の一粒に過ぎない。

世界は、宇宙の時間感覚からしたら一瞬の間に終わってしまうほど儚いものなんだ――。

そう実感したら、ちょっとまともな精神を保てそうになくなってしまったんですよ。

そのときは、YouTube のメンバーでもあるたくまに「ちょっと俺うつ病になりかけているんだけど」と誘って、ご飯でも食べながら話をすることで乗り越えられましたね。

そのとき思ったのが、**今を生きるしかない**、ということです。

たとえばアリが知能を持っていたとして、それよりも巨大な存在である僕たち人間とかに怯えながら生きていてもしょうがないじゃないですか。

同じように、確かに今生きている世界はこんなに小さいし、いつ死ぬか分からないけれど、今この僕の目に映る世界を見て生きていくしかないな、って思ったんです。

この現実を受け止めることが生きることだと思えたんです。

一九歳くらいの頃、まだ THE OUTSIDER に出る前の話です。

休憩だけで対処できないことがあったら、考え方の方向性を考えるというのがとても大事ですね。そうしたら、現実の受け止め方が変わるかもしれない。

それから、やっぱり相談できる友達や仲間がいるということも大事ですね。疲れたときは休憩して、友達とお酒でも飲みながら相談してみるのがいいと思います。

責任を持てば現実を受け止められる

前に、本当の自由とは責任を持つことだ、と述べました。

それだけではなく、実は**責任を持つことによって、現実を受け入れるということがしやすくなります**。

たとえば色々な人に自分の評価を聞いたとして、自分で思っていたよりも自分の評価が低かったりしたとします。そのとき、みんなは嘘をついている、見る目がない、なんて思っても仕方ないんですよね。

もちろん僕のように、自分の実力をかなり客観視できていて、勝敗のような目に見える実績もあって、その上で匿名の人たちが的外れのことをあれこれ言っているという場合には、彼らは間違っている、と判断できることはあります。

ただ、現実を受け入れることに困っているという状態の人は、そういう段階にはないでしょう。

なぜ責任を持つことが現実を受け入れることに繋がるかというと、**そうでなければ現実を変えられない**からです。

まずい状況に陥ったとき、それを修復してくれるのは他の誰でもなく、自分しかいません。自分でこの状況を変えようと思ったら、現実逃避はしていられなくなります。

そもそも僕たちはこの世界で生きていくしかないので、それに気づいたら、この世界で生きている自分の人生をどうよくしていくか、ということを考えて動かないといけません。

その行動として、今の環境が不満なら別な場所に行くとか、新しいことをしてみたいなら挑戦するとかいうことがやれるようになります。

もし自分が現実を受け止められていない、軸がぶれていると思うのであれば、自分に責任を持つことで変わることができる。明日からでも、そしてこの本を読んだ瞬間からでも、あなたは変われると思います。

立場が見合っていないとき

嫌なことはし続けず、問題のある環境には居続けず、自分の責任でよくなるようにやっていくべき——とは言ったものの、現実にはやはりそこまで自由には振る舞えないということの方が多いでしょう。

そのとき、**明らかにおかしいことが強いられているんだったら辞めてしまっていいと思うし、程度問題で乗り越えられそうだったら、その悔しさをバネにして頑張っちゃってもいい**と思います。

やりたいことが先にあって、その途中でやりたくないことをやらなければならない、ということは十分ありえますから。

最終的には、自分で選んだやりたいと思うことをやるべきではあります。

立場がまだ見合っていなかったばかりに、不本意なことをやらされるということは僕も経験があります。

具体的には、先ほども触れましたが、RIZIN におけるグスタボ戦や矢地戦です。

何度も言っている通り、僕の階級より上の人たちとの試合です。

ただ、この時期は相手方からして「どうしても僕に出てほしい」とまで言ってもらえるような立場にはまだなっていないな、と僕自身が判断していたので、**悔しいけれど挑戦してやると思って出場しました**。戦って、勝ってやると思ったんです。

そして、ほとんど適正階級での試合ではなかったのに五連勝しました。今や RIZIN にとっても重要な存在の一人になれたと自負しています。

だから、ここからは自分がやりたいことをやっていこうと思っています。RIZIN との関係性も、お願いされて出場する立場にまで上がってきたと考えています。

実際、二〇一九年末にメインイベントではなかったけれど、Bellator との対抗戦の大将を任されました。

まあ、大将だということにそこまで大きな意味は感じていないんですが、堀口選手の負傷によって予定されていたメインイベントができなくなったため、興行としてのRIZIN がピンチだと思ったので、僕が出場して盛り上げてやろうと思ったんです。

そういう考え方で試合に取り組むことができるようになりましたし、世界で活躍しているジョン・マカパ選手にも完封勝利を収めて、連勝を六に伸ばしましたから、誰からも文句をつけられないでしょう。

ちなみにこれは余談ですが、今回の大会の対戦相手として、僕はもともとダリオン・コールドウェル選手を希望していました。堀口選手と死闘を演じた、かつての Bellator バンタム級チャンピオンです。
ただ現在は Bellator のフェザー級王者決定トーナメントで勝ち進んでいるので、年末の対戦は叶いませんでした。もしできたら、フェザー級での契約になるでしょうから、ぜひ対戦してみたいですね。

夢への挑戦が人を変える

二〇一九年の末に、僕はRIZINの企画で少年院を訪問しました。そこで在院者の少年たちに講演を行い、責任を持つことと夢を持つことの大切さを語りました。

彼らに「夢がある人いますか」と質問したところ、最初は二名しか挙手してくれなかったのが、僕の話を聞いてもらったあとにもう一度質問したところ、全員が挙手してくれました。

もともと夢を持っていたけれど最初は言い出せなかったのかもしれないし、僕の話を聞くことで自分のやりたいことに気づけたのかもしれません。

夢を持ち、挑戦するということは非常に大切なことです。やりたいことがあるならどんどん挑戦してみるといいと思うし、挑戦したいことがないなら夢のようなものを見つけるといいと思う。

挑戦のない人生はつまらないです。何の変化もないし、成長もないし、悪い意味で思い通りの人生になってしまう。挑戦をしてみないことには、何も始まらない。

僕は、思ったことにどんどん挑戦していくタイプです。それは格闘技の活動やYouTubeでの活動の仕方に、かなり分かりやすく表れているんじゃないかなと思います。

挑戦しないと失敗もしない。そして、**失敗やミスがあったら、それを改善していけばいい**。そうしたら最終的には失敗じゃなくなります。

これは仮定の話ですが、もしも僕がとてつもなく強い相手と試合をすることになり、**仮にそれで負けたとしても、その試合をしなかった場合の僕よりも、試合に臨んだ僕の方が間違いなく強くなっています**。成長できるからです。

だから、挑戦においては短期的な成否や勝ち負けは関係ありません。それを通じて自分を成長させていけば、最後には目標を達成することができます。

ところで、やりたいことだらけで困っている僕からすれば驚きなのですが、やりたいことがないという人も世の中にはけっこういるようです。

なぜやりたいことがない状態でいられるのか、むしろ質問したいくらいですが、それで困っているというのなら僕からの提案があります。

それは、**より広い世界を見てみる**、ということです。

やりたいことがないという場合、僕の見る限り、ものを知らなすぎて、選択肢がなさすぎるのだと思います。もっと色々なことを見聞きし、そして知ろうとすることがいいと思います。旅をしてもいいし、読書や映画観賞だって構わないです。

みなさんが何の疑問も持たずに生活しているこの日常にだって、驚くほど奥深いことが秘められています。

たとえばなぜこの店の時計はあのような形をしているのだろうか、とか、なぜあの人は怒ったような顔をしているのだろうかとか、この机はどういう木でできているのかとか、何一つとして分かりきったことはないのではないでしょうか。


僕はもともとこういうことが気になってしまう性格でした。やりたいことに溢《あふ》れるはずですよね。しかも、この性格によって観察眼が磨かれたし、それは格闘技をやっていく上でもとても役に立っています。

騙されたと思って、今、目の前にあるものに疑問を持ってみてください。そこには、新しい世界や知識への扉があるはずです。

夢の邪魔をする友達は捨てろ

自分の決めた目標を達成するためには専念することが大切ですが、現実には色々と誘惑だったり邪魔だったりというものが入ってきます。

たとえば僕は格闘技で名前が知られているので、それで寄ってくる人というのは後を絶たないんですよね。今はもうそういうことはしていないんですが、昔、興味のない人と居酒屋で同席したりしたことはありました。

そうなるとめちゃくちゃつまらないんですよね。退屈だから他の席の会話に耳を傾けてみると、なんだか愚痴ばっかり話していたりする。つまらないどころの話じゃないです。おまけに同席者に、自由に遊べなくてかわいそう、というようなことを言われたりもする。

どう考えてもかわいそうじゃないですよね。だって、僕は自分でやるべきことを選んでこんなに成果を上げている。**むしろ僕の方をこそ羨ましがるべきだろう**、と思っていました。

ただ、まだそんなに成果を得られていない状態で頑張っている人からしたら、**周囲の人が自由に飲んだり騒いだりして楽しんでいるのを羨ましく思ってしまう、っていうのはありえる**と思います。

ただ、それは夢を諦めさせる罠なので、やるべき目標に向かって努力している最中であるのなら、**本当に人から羨ましがられることをしているのは自分なんだ、という風に信じてほしい**と思います。

もちろん、たまには息抜きをしたっていいんですよ。

でも、そういう息抜きのときに過ごすべき相手は、本当に大切な、一緒にいて楽しい仲間だけにするべきです。本当の仲間なら、自分の足を引っ張るのではなく、頑張っている姿を応援してくれるはずです。そういう人とだからこそ息抜きをすることができるんです。

夢の邪魔をする友達は、友達ではないので、捨ててしまっていいでしょう。

意志の弱さを仕組みで克服

余計なことを言ってくる知人以外にも、現実には夢の実現の障害がいくつも存在します。

僕の中でいちばん厳しい敵は、自分自身の意志の弱さですね。

色々なことに興味があるし、しかも自分としては色々なことができてしまう才能があると思っていて、興味があるならどんなことでも楽しめるし、成果を上げられそうな見込みがあるので、余計気が散ってしまいます。

美味しい料理も好きだし、特にお酒には目が無いので、めちゃくちゃ飲みます。だから、飲みに誘われたら凄く揺らいでしまいます。

と、こういう感じで目標達成のための障害はいっぱいありえるのですが、同時に、自分の弱点についても客観的に認識しているんで、**誘惑に負けないように保険をかける**ようにしています。

その一つとしては、**決めたことを本当にやり遂げたいなら周りに公言してしまう**、というのがありますね。これは他の人にもよくお勧めしています。

僕であれば試合後のマイクパフォーマンスで、タイトルマッチを要求したり、新しい大会への参加意欲を宣言したりということが、分かりやすい例だと思います。ビッグマウスと言われたりしていましたが、僕の中ではできると思っていたし、言ってしまったら簡単には引き下がれなくなりますから、状況が目標達成の役に立つわけです。

練習をサボって飲みに行きたくなったとしても、ビッグマウスで負けられない状況を作っておけば歯止めをかけることができます。負けられないという気持ちが誘惑を断ち切るわけですが、大したことのない試合だとか、負けてもいいみたいな気持ちだったら、誘惑に負けてしまうでしょうね。

自分の目標を公言すると、邪魔する人も出てきますが、助けてくれる人も出てくるんです。YouTubeでの活動が上手くいっているのもその一例ですよね。

逆に、何か怪しい儲け話を持ちかけられて、YouTubeの活動に影響が出そうになるという危険性もないとは言えないと思うんですけど、本当に親しい仲間とやっていることが、そういう誘惑への歯止めになります。YouTube のメンバーが悲しむと思ったら、そういうやばいことをしようとは思えないですからね。

本当に大切な仲間というのは、何かのメリットのために一緒にいるわけでは決してないんですけれど、そういう仲間がいるということは自分の人生を大きく助けてくれていると思っています。

不安は「努力」で乗り越える

物事に取り組んでいると、不安に襲われることがあります。このままのやり方でいいのだろうかという不安から、本番での不安まで、本当に様々なところに不安があります。

不安を克服するための方法は、努力をする、ということに尽きます。

僕で言えば、不安というのは臆病さと関係しています。不安だからこそ、徹底的に練習して、それを乗り越えられるようにするんです。

だから、**必要以上の不安を感じているのだとすれば、それはまだ努力が足りていないというシグナル**なのかもしれません。

たとえば人前で発表なり講演なりをしなくてはいけなくなったとしましょう。当日が不安なら、原稿を完全に暗記して、それを実際に話すという練習を二〇〇回くらいしてみればいいんです。

本当にこの数をやる必要があるとは限りませんが、それくらいしたら完全に暗記もできていて、噛まずに人前でしゃべることもできるようになるのではないでしょうか。

重要なのは「こんなに努力してもダメだったならもう仕方ない」と思えるかどうかです。それくらいまで準備できれば、開き直ることができます。開き直った状態の方が、いいパフォーマンスが出せるでしょう。

格闘技の試合の場合は相手がいるのでどうなるか分からないところもありますが、僕は死んでも負けたくない、リング上で死んでもいいという覚悟で戦っているので、それでも負けたなら仕方がないですよ。

ただ、相当なところまで諦めないでしょうし、負けるときですら、人が感動するくらい格好よく負ける自信があります。

世界で戦うということは、自分が負けるなんて想像もしたことがないような強者たちと競い合うということなので、何があるか分かりません。そういうところで戦うためにも、限界まで努力する必要があるんです。

敗北から得られるもの

今でこそRIZINでは全勝でいられていますが、まだ総合格闘家として駆け出しだったTHE OUTSIDER時代には、挑戦して失敗したことがあります。それが樋口武大選手との最初の対戦です。

この時点の僕はまだ総合格闘技の経験が一年程度で、他方の樋口選手はすでにプロでも活躍していて、経験にかなり差がありました。彼と無理に試合をしなくてもよかったんですが、自分の実力を知るためにも僕はここで挑戦したんです。

結果として負けてしまった。めちゃめちゃ悔しかったです。でも、立ち上がれないほどの落胆はしませんでした。むしろ、嬉しさすらありましたね。**俺はまだ最強じゃなかった。もっと練習すればさらに強くなることができるんだ**と。

そして実際にリベンジを果たしました。この敗北は、僕の人生の物語を面白くする役割を果たしてくれたわけです。

もう一つがRyo選手との対戦ですね。実はこれが、前に触れていた慢心によって負けそうになったという試合です。

これは曰く付きの試合で、僕はタップをしていなかったのに、なぜか外野からタオルを投げ込まれて僕の敗戦になったという試合でした。Ryo選手もこの結果にはすっきりしていなかったので、後日ノーコンテスト（無効試合）ということになりました。

この試合については、こういう風に抑え込まれている段階で僕の慢心が出ていたなと思います。

というのは、実はこの時期僕はひどい花粉症を患っていて、しかも足を怪我していたんです。だというのに、THE OUTSIDERで二冠王者となり、連勝街道を歩んでいたというときだったこともあって、まあ行けるだろうということでやってしまった。そのせいで起きてしまった出来事だと思っています。

Ryo選手とは再戦したかったし、その後に東京で何回か練習したりするなど、結構仲良くなったんですよね。ただ、正直今はかなり実力やキャリアの差が開いてしまっているので、もしRIZINに出られるレベルに上がってきてくれるんだったらやってもいいかな、という感じですね。

ともあれ、この事件は驕りを持ってはいけないということを気づかせてくれた、とても印象的なエピソードとして残っています。

そして、僕をそういうところまで成長させてくれたTHE OUTSIDERにはめちゃめちゃ感謝しています。今の僕があるのは、THE OUTSIDERのおかげです。

消防隊進入口

やりたいことをやって
生きるという、
現代の「自由」は
こう実現する

The way of Mikuru Asakura

第四章

強者のYouTube

なぜYouTubeを始めたか

僕の全ての行動は自由を獲得するためのものだと言っても過言ではありません。

でも、その中でも格闘技は特別なものでした。

もちろん自由を獲得するための最大の手段ではあったのですが、同時に生きていることの刺激を与えてくれる最高のスポーツであり、心の底から大好きなものの一つです。

だから、格闘技をもっと広めたかった。もっと盛り上げたいと思っていました。YouTubeを始めたきっかけには、その思いもありました。

この活動には、自分の信条と相反する面もありました。

YouTuberは、自分の発想で自由に企画を実現し、それに直接視聴者がついてくることでお金を生み出すことができるという、僕にとって非常に理想的な職業の一つでした。

ですが、その理想と引き換えに、有名になってしまうという問題が存在します。

有名になると、どこにいても見つかってしまい、声をかけられてしまう。どこにいても見られているというのは、自由からほど遠い状態です。おちおち好きな女の子とデートに行くこともできません。

YouTube 活動をしたら、このような状態になってしまうことは予想がついていました。

正直、葛藤もありました。目立ってしまうこともそうですし、格闘家として積み上げてきた箔みたいなものもなくなってしまう可能性がある。そうなるとやりたいことをやりにくくなってしまうかもしれない。

それでもYouTubeに挑戦したのは、僕が**格闘技のことを本当に素晴らしいと思っているから**です。選手であると同時にすごいファンでもあって、格闘家という存在をリスペクトしています。だからこそ、この素晴らしい文化をより広い人たちに知っていってもらいたい。

そのためには、格闘家がYouTubeをするのではなく、**YouTuberが格闘家なんだ**、というような見立てを作ることが大切だと思いました。

同じような思いで色々と格闘家の人たちがYouTubeをしていると思いますが、みんな自分の生活を紹介することに留まっていて、元々の格闘技ファンにしかリーチしていない。もともとは格闘技のファンではない人に届けるためには、見せ方として

YouTube的であるということが重要です。

また、YouTuberとしてやるとなったからには、突き抜けてやるしかないということで方針変更しました。RIZINの記者会見や勝利後のマイクパフォーマンスでもYouTubeに言及したりして、宣伝するようにしています。

ただ、この方針の活動は有名になりすぎてしまうという点で問題だとも思っているので、表に出なくてもお金を稼ぐ方法を確立したら、颯爽《さっそう》と消えたいと思っています。そのために、いま不動産投資の勉強なんかも水面下でしたりしているんですよね。

格闘技の現役選手でいるのも、三〇歳までに辞めたいと思っています。

実は僕は、人生の目標として、三〇歳までに年収一億円を稼ぐということを考えてきました。それを達成した暁には、裏方に回ってビジネスをしたり格闘技に貢献したりしようと思っています。

客観的にもそういう評価があると思うんですが、僕は自分が前面に立つよりも、裏方や参謀として活動する方が才能があるんではないかと考えているんですよ。

身体能力や実行力がある人と組めば、かなり短期間で成果を出すこともできると思います。現に、一緒に対策を練った弟の海は、下らない下馬評を覆して、RIZINとBellatorの二冠王者である堀口選手をＫＯしたわけですから。

行けると踏んで即二〇〇万円を投資

朝倉未来は格闘家としての知名度があったからYouTubeで成功したのだ、と言う人もいます。

それはそれで格闘家として積み上げてきたものも僕の実績なので何の問題もないのですが、もし格闘家じゃなかったとしても、僕はYouTuberとして成功していた自信があります。なぜなら、格闘家じゃなかったらこういう風にやっただろうというプランがちゃんと浮かんでいるからです。それくらい徹底した準備をします。

では、実際にYouTube活動を始める上でどういうことをしたのか。それを少し紹介します。

まずは、格闘技の試合を研究するのとほぼ同じような感じで、**チャンネル登録者数が一〇〇万人を超えるようなトップYouTuberたちの動画は、全部見て研究しました。と同時に、全く再生数が伸びない底辺YouTuberの動画も見て、何がいけないのかということを比較したりしました。**

そこに対する自分の強みやパーソナリティを比較して、いけるかどうかを考えて、最終的にはいけると判断しました。

たとえば大ヒットした「街の喧嘩自慢にプロ格闘家がスパーリングを申し込んだらやるのかやらないのか」シリーズなどは、僕にしかできない企画だと思うんですが、こういう企画がたくさんできることが分かったんです。

要はめちゃめちゃ勉強しているということですが、新しいことを始めようと思ったら勉強しないといけないし、逆に言えば、**いつからでも勉強は始められる。人生、一生勉強ですよ。**

いけると判断したら、即、機材を揃えました。合計で二〇〇万くらい投資しましたが、なかなか普通の人にはできないですよね。やるとなったら全力で突っ走るのが大事です。

そうしたら、何と一ヶ月後には投資金の回収に成功しました。さすがにこんな都合のいいことは想定していませんでしたが、自分の見立てが間違っていなかったことが証明されて、よかったです。

それで実際のところ、僕がどういう分析をしてどう実現させているか、これについては出している動画に全部答えが入っているようなものですが、せっかくなので、少しこの章では解説していきたいと思います。

仲間集めではキャラクターが大事

YouTubeに限らず、ちょっと大きなことをやろうとしたら、一人ではできません。

時間も限られてくるし、一人だと新しい意見も入ってこない。ということで一緒にやるメンバーを集めることが大事なのですが、僕の場合は、協力してくれる友達が周りにけっこういたので、むしろ僕がメンバーを選べるような境遇でした。

僕という人間がこれまで有言実行で生きてきたので、朝倉未来が始めるんだったら成功するだろう、という幻想があると思うんです。言い換えればリスペクトというか。だから、新しいことを始めようとしたときに、日頃の行いでスムーズな準備ができるということもあります。

で、YouTubeのメンバーは単なるスタッフではなくて、一緒に頑張っていく仲間としても大事だし、企画を面白くするための性格面の適性などもあるので、かなり考えてチーム作りをしました。

特に重要なのは**キャラかぶりを避けるということ**です。

最初にYouTubeを始めたメンバーである佐々木くんは、格闘技のジムで知り合いました。帰る方向が一緒だったこともあり、電車でよく話していたんですよね。そういう交流を重ねた中で、彼が**異常なほどポジティブ**だということが分かりまして、しかもYouTubeを絶対やったほうがいいと言ってくれていたので、これなら一緒にやってもいいかなと思いました。

もう一人のメンバーであるたくまは、THE OUTSIDERに参加するよりも前からの、かなり古い付き合いです。彼は佐々木くんと対極で、**凄く慎重でネガティブ**なんですよ。この極端な二人を入れることが、いいチームを作るためには絶対にいいと考えました。

これもまさに動画の分析から得られた知見ですが、**僕に忠実なキャラがいる一方で、僕に敵対的なメンバーがいると、企画の多様性が広がる**んですよ。前者は佐々木くんで、後者がたくまです。

そして二〇一九年の十二月に、新メンバーとして吉田くんという人物を迎えました。彼は朝倉未来に似たようなキャラクターのメンバーです。忠実な人間でも敵対的な人間でもないこの四人目を加えることで、さらに色々な動画が作れそうだと考えています。

ただ物事をやるだけの企画は面白くない

僕の動画の企画では、僕が主にシナリオや構成を考えています。

その僕から見て、**企画をやるときに重要なのは、視聴者の意表を突く、ということ**です。

仮に「牛丼を食べてみた」という動画があるとします。実は、弟がこの企画をやっていたんですが、ただ牛丼を食べただけでは本来は面白くないんですよ。ファンだったらそういう日常を見れること自体が嬉しい、ということはあるかもしれないですけど、本人を知らない人には刺さらない。

もし、牛丼を食べる企画の裏に別企画があったなら、かなり面白くなると思います。たとえば隣に一般客を装った人がいて、異常な速さで牛丼を食べてはおかわりをしていたりして、それに気づいたら出演者がどう反応するか、とか。

だから僕の作る動画では「スパーリングしてみた」のような定番の企画に見えるものでも、ドッキリを仕込むようにしています。ラファエルさんとの動画では、二重ドッキリがばれた上でどういう動画にするかまでを企画化した、**三重ドッキリ**みたいなことまで考えて実行しました。

実はこういうやり方は必ずしもYouTubeの分析から学んだのではなくて、自分がその方が面白いと思うからやっていることです。

もしあなたが、クラスでひょうきんなことをして人気者になっているタイプの人だったら、YouTubeをやってみるといいかもしれません。僕もそういうタイプの子供でした。

YouTubeには定番の企画があると思うんですが、ただの人がそれをなぞり直しても面白くなるはずがありません。そこに**自分なりの工夫を加える必要があります**。積極的に、他人と違う答えを出すように心がけてみると、発想力のトレーニングになると思います。

一例ですが、小学生の頃、授業で「三億円の宝くじが当たったらどうするか」という質問が出されたことがありました。みんなは何かものを買うか、貯金するという回答だったのですが、当時の僕は「もう三億円分宝くじを買う」と答えました。結構、意表を突く回答じゃないですか。

今さっき宝くじを買って当てたばかりだから、なかなかこういう発想にはみんなはならなかったと思いますが、こういう風に違いを出していくことが大切です。たまたま先生も見る目がある人で、それを評価してくれたんですよ。そのときの記憶は鮮明に残っていますね。

サムネなど細かいところに気を配る

総合格闘技も進化中ですが、YouTubeもまだ一五年くらいしか歴史がない、新しいメディアです。ということはどんどん変化していくということで、僕が観察している限りでも色々動きがあります。

たとえば初期のサムネイル（サムネ）では、画面に赤文字で内容に即したタイトルを分かりやすく大きく載せる、というのが定番でした。が、**今の定番はサムネからは文字をなくして、動画タイトルを見てもらうようにするというもの**です。

動画タイトルを長くすると、リスト表示では省略されてしまうので、動画の中身にアクセスしないとタイトルが読めません。こうすると、視聴者の興味を刺激して動画を見てもらいやすくなります。

こういうトレンドの変化に対応しないでいると、あっという間に古びた感じになって、生き残れなくなります。

サムネイルを文字で説明できないとなると、画像の方にも工夫する必要が出てきます。たとえば「兄弟喧嘩」みたいなタイトルの動画があったら、実際の映像の中ではそういうシーンがなくても、内容を分かりやすくイメージできるような雰囲気の写真を撮ります。

タイトルをつけるときも多少は工夫していて、長めの文章で興味を刺激するようにということの他に、「朝倉未来」「朝倉兄弟」というような言葉を積極的に入れるようにしています。そうすると**僕の動画だということに気づいてもらいやすくなって、視聴者数が伸びます**。

僕の映像を使った違法コンテンツをアップしている人々はもうそれに気づいていて、とにかく僕の名前を入れまくって、それで注目を集めていますね。

テロップの位置やフォントについては佐々木くんが入念に調べてくれていて、一番見やすい種類・位置にしています。

僕の個人的な工夫として、**次回予告を絶対に入れる**ようにしています。

これがあると次が見たくなるので、必須だと思うんですよ。

ただ、次回予告があるばかりに難しいこともあります。次の動画がないために次回予告をつけられず、今スタンバイしている動画をアップすることができない、というリスクです。

最近はないなりに動画をアップするようにもしていますが、基本的には絶対に次回予告をつけるように徹底しています。

それから心臓の音をイメージした効果音。これも僕がいいんじゃないかと思って選びました。

この辺の装飾なり音声なりを模倣すれば、僕っぽい動画が作れると思います。

そして、動画の主役が朝倉未来でない場合はどうなるのかという現実に直面することでしょう。

配信のタイミングや動画の見せ方についても計算をしています。月曜日や木曜日は視聴者数が伸びにくいので、伸びやすい金曜日や土曜日を狙ってアップロードします。企業からの依頼が絡んだいわゆる「案件」動画に関してなど、ちょっと視聴者数が伸びにくそうだな、と思ったら強く興味を引くような次回予告を入れたりして弱みを帳消しにする、というような工夫をしたりもしています。

感情を動かす

コンテンツを作る上で大事なのは、見る人の感情を動かすことです。これは格闘技の試合でも、YouTube の動画でも言えることだと思うし、かなり普遍的なポイントです。

分かりやすいのでこのことをカラオケで説明しようと思います。

僕は結構カラオケが好きなので、Instagram でカラオケをしている様子を配信したりしています。人からは上手いと評価されますが、これについても結構勉強して今の歌い方に辿り着きました。やはり、歌が上手い方がモテますからね。

カラオケの特徴は採点システムがあることですが、これは一番くだらないんですよね。採点で高得点を取ることと、その歌で人を感動させられるかどうかは、全く関係がない。得点なんて出そうと思えば出せるでしょう。

でも、出して何なんでしょうか。仮に一〇〇点満点で一〇〇点を取ったとして、それでいい歌を歌えたという気持ちになれますか。僕はなれません。

ただ、僕も最初の頃はある意味では教科書的に、綺麗な歌い方をするのが一番いいのかな、と思っていました。声がかすれていなくて、音程も正しい、そういう歌い方。でも、自分自身が素晴らしい歌手の歌を聞いたりしながら歌というものを知っていくにつれて、ただ綺麗なだけではダメなのだと気づきました。

ほとんどの場合、歌は誰かに向けて歌っているものです。そうであれば**その人たちに感動してもらわないと意味がない**。そのためには、気持ちや感情を伝える必要があります。そのためには、抑揚以外にもビブラートやファルセットなど、色々な手法があります。

僕はプロの歌手でも何でもないので、本格的なことを言う立場にはないですけど、僕の歌を聞いて上手いと思う人には、そういう工夫を通じて僕が込めた気持ちが伝わっているんでしょう。

そんな僕が尊敬する歌手は清木場俊介さんです。表現が上手くて、ただ綺麗なだけではなく、歌い方に味わいがある。低音から高音まで音域に広がりもあって、とても素晴らしいと思っています。

企画をやるときに
重要なのは、
視聴者の意表を突く、
ということ。
ただ物事をやる
だけでは面白くない。

カラオケの採点で高得点を出したとしても、聞いている人の心を震わせられない歌には何の意味もない。

もしも誰かをプロデュースするなら

成功するためには、成功している人たちの分析をすることは大切ですが、全く同じことをやっても成功はできません。僕が同じことをやるというのは、僕なりにアレンジして実行するということを意味します。

ということで、もし**誰かをプロデュースするとなったら、その人なりの演出を考える必要があります**。誰にでも当てはまることはあまり効果的ではないですね。

たとえばもし佐々木くんがピンで動画をやっていくことになったらどうでしょうか。僕と一緒に動画に出ている関係でかなり認知度が上がっていますが、僕がいないことにはなかなか動画は伸びないと思います。

佐々木くんが出ているからには、朝倉未来も出てくるはずだ、という想定で伸びているんです。仮に僕が登場しない触れ込みだとしても、実はドッキリで僕が登場するのではないか、と期待させているとか。

こういう状況を打開するには、自分一人でコンテンツを作ることができるようになる必要があるので、たとえば話術を鍛えて、自分一人だけでも映像が保つようにしたり、自分自身に興味がある視聴者を増やしていくようなテコ入れが必要になってくるでしょう。

他方、弟の海を例に出すと、本人の知名度は高いけど僕ほどはチャンネル登録者数が伸びていない状態です。さっき言ったように企画が単調になってしまっていたり、万人受けしそうな企画ばっかりやっているのに問題を感じました。

「いい子ちゃん」の殻を破って、炎上しそうな企画にも挑戦した方がいいと思います。

弟も直接助言を求めてくることがあるので、そういうときに直接アドバイスをしています。弟にも伸びてほしいと思っているし、実際色々と変わってきているんではないでしょうか。

自分からはコラボは持ちかけない

僕のチャンネルでは他の有名YouTuberとのコラボ動画が結構ありますが、基本的に相手先から依頼を受けて制作する流れになっています。

声がかかるということは自分の動画やチャンネルがYouTubeの中で存在感があるということなので、それ自体はありがたいですね。

コラボ動画については、色々な層に自分のことを知ってもらえるということで、やる意味はあるなと思っているんですが、逆に自分から依頼して制作したいというほどのものではない、という程度のものです。

やはりコラボ動画を制作するとなると相手先との関係もあるので、色々と調整しないといけません。気を使うこともあるし、様々な意味で合わせないといけないことも出てきます。

僕としては自分のチャンネルを強化したいというのが基本方針です。気心の知れた自分のチームのメンバーといつでもどこでも撮影ができた方が楽ですからね。

というのも僕は格闘家であり、それからジムの正社員としても働いていて、ここに現状のYouTubeでの活動が入ってきて、そこから派生する色々な企画もあったりして、めちゃめちゃ忙しいんですすよね。そういう中で動画の投稿をしているにしては、かなり頑張っている方だと自分では思っています。

これがもしYouTube一本に専念したら、稼ぎだけなら倍増するでしょう。動画の視聴者数もさらに何倍にも増えると推測されます。

チャンネル活動を始める前から受けていた〝朝倉未来〟

自分が独自のYouTubeチャンネルで活動を始める前から、試合のインタビュー動画などが掲載されることで、僕がYouTube上に登場するということはあったんですけど、他にもインタビューを受けている選手の動画があるのに**僕の登場する映像だけ視聴回数が圧倒的に多かった**んですよね。

しかも、堀口恭司選手や那須川天心選手など、明らかにSNSのフォロワー数が多い人たちの映像も同時に公開されているのに、なぜか僕の映像の方が視聴者数が伸びているんです。

この理由を改めて考えてみると、僕が独特なんだと思います。**喋り方やワードセン**

スが他の人と違う。堀口選手や那須川選手は、発言だけ見るとありきたりなことしか言っていないんですよね。

会見で面白いことを言う仕事ではないのでそれはそれでいいんですが、自分のインタビューに注目が集まるのはそういうところに違いがあるからでしょう。

たとえば有名ホストのROLANDさんが人気なのは、普通の人が発想しないような面白いことを言ってくるところだと思うんですよ。面白い人の話し方って、**話のテンポがよくて、しかも予想したのと違うオチを持ってくるところにある**と思います。

これが、ネタ振りだけが長くてしかも予想通りのオチになるのだったら、全然面白くないですよ。

僕もインタビューや会見動画では〝違う〟言葉を放っていたんだと思いますね。それは数字が証明してくれています。

そういう僕の知名度を利用して転載動画を作ったり、あと僕を批判する動画を作って再生数を稼ごうとしている人も色々といるようですね。存在くらいは認識していますが、全く見てはいません。

もっとも、抜刀斎さんのように僕のことを持ち上げて宣伝してくれる人に関しては、まあ、ありがたいとは思っていますね。やはり人に応援してもらえると輪が広がりますから。

ただ、THE OUTSIDERの頃に僕に目をかけてくれた人と、今の状態で声をかけてくる人では違いますよね。恋愛に置き換えると、金を持っていないときに愛してくれた女と、今、お金を持っているのを知って好意を示してくる女の違いですね。後者の人はちょっと信用できないですよね。

僕は昔からぶれていないし変わっていないので、みなさん気づくのが遅いですよ、と言っておきます。

極限まで研ぎ澄まされた
刀のごとき、
最高峰の格闘家が語る
人間観・恋愛観とは

The way of Mikuru Asakura

第五章

強者の人間関係

朝倉未来の恋愛

僕は八方美人ではないという話をしてきましたが、女性、とりわけ恋人に対してとなるともっと厳しいですね。そもそもあまり人を好きになったりしませんし、これまでも四人くらいとしか付き合ったことがありません。

どういう人が好みか。外見的に好きなタイプはZARDの坂井泉水さんです。黒髪で色白、清楚な人が好きです。

ただ、一番重要なのは内面で、**硬派な女性が好き**なんです。

硬派というのは、ただただ軽薄でなければそれでいいという話ではなくて、この本でも述べてきた「筋が通っている」ということと繋がっています。

つまり、一度決めたことはやり遂げる気概や、人に流されて簡単にぶれることがない強さを持っている人を好きになります。

仮に外見が僕のタイプでなくても、内面が硬派であれば、好きになることもあるでしょう。必ずしも人の性格が外見によるとは限らないので、中身を見るということはとても大事だと思います。

本質を見抜くことが大事という点については、本書でも何度か述べてきました。外見というのは一つの判断基準にはなりますが、それだけで真実に迫れるとは限らない。豪華な服を身にまとっていても、内面が伴っていなければ立派な人物とは言えません。

同じように、キャリアだけで比較したら勝てそうにない対戦相手であっても、試合当日までに驚くべき進化を遂げていて、それによって下馬評を覆すということもあるんです。

犯罪を犯して少年院や刑務所に入っているような人でも、事情を詳しく探れば、全く違う一面や、高い能力の可能性が見えてくるかもしれない。

僕は自分の見る目に自信を持っていますが、それはそれなりの慎重さや経験に支えられた注意力・判断力があってのものだと自負しています。

相手の本当の魅力や実力というものは、そういう注意力がないと見逃したり見誤ったりしてしまうものだと、思っておいた方がいいでしょう。

逆に言えば、相手にも同じことが求められます。

ここだけの話、格闘家はかなりモテます。特に、強くて実績もあってかつメディアにもよく登場するとなると、人気が出ないはずがない。

YouTubeメンバーでもある吉田くんは、生物的な強さに女性が惹かれるのかもしれない、と言っていました。確かにそういう側面もあるのかもしれませんね。

しかし、僕はこういうことを思ったりもします。

近づいてくる女性が好きなのは格闘家としての僕であって、朝倉未来という本質を好いてくれているのではないのではないか。

つまり、強そうであったり、格闘家として名声を獲得していたりすれば、他の誰かであってもよかったのではないか、と思ってしまうということです。

そうではなくて、**本質を好きになった人がたまたま格闘家だった**、ということであってほしいんです。

格闘技の強さをお金に置き換えてみるともっと分かりやすいでしょう。自分がビジネスで成功してお金持ちになったとします。その後に自分にアプローチしてくる女性がいたら、この人はお金目当てなんじゃないのか、という気持ちをすぐには拭えないですよね。

もちろん、格闘技の強さも、ビジネスでの成功も、自分で築き上げてきた実績なので、一概に否定する必要はないものです。宝くじが偶然当たって手に入った資産とは違いますからね。

ただ、そういうものが失われたときに、それでもこの人は一緒にいてくれるかどうか、というのは重要なポイントになってくるでしょう。

自分のことを本当に愛してくれているのであれば、格闘技ができなくなったり、財産を失ったりしても、変わらない付き合いをしてくれるはずです。

たまにネットで、こういうことを実際にテストしてみたという話を見たりしますよね。富豪の人が、事業に失敗してしまったのだけれどどうしようか、と恋人に打ち明けて反応を見る話です。その話を聞いて手のひらを返す相手であれば、それまでの人だったとして別れることになります。

僕はこういう形で人を試すようなことはしませんが、逆に言えば常に試しているとも言えるし、見極めているとも言えます。八方美人ではない、とはそういうことです。

"武士"のような純情とロマン

ちょっと踏み込んだことを言うと、硬派かそうでないかの分かりやすい指標に、いつ体の関係を持つかというポイントがあります。

これはむしろ女性の方が理解してもらいやすいと思いますが、僕はすぐにそういう関係になるのができないタイプです。好意を持っているような相手であっても、すぐに体の関係を求めてくるようであれば、僕はもうそれで「**無理だな**」と思ってしまいます。

僕の場合は自分に潔癖症の気があるので、精神的に仲が深まらないと女性にはなかなか接触できないという事情もありますが。

男性だと、むしろ手を出さないなんてありえない、という論調の人ばかりですね。ましてや求められているのにそれに応じないなんてかわいそう、という意見を聞いたりもします。

でもね、好きじゃないのに手を出した方がかわいそうでしょう。**優しさの本質を履き違えている人が多い**ですね。

僕がこういうことを思うのは、生来のロマンチストだからかもしれません。

僕は仲間や友達のことを大切に考えている一方で、孤独でいる時間を何よりもかけがえのないものだと思っています。もしも明日地球が滅びるというのであれば、最後の夜は星を見ながら過ごしたい。

最後の日ではなくとも、空や星を見るのは好きですね。遠くに輝く星を眺めながら飲む酒は最高です。

そして、好きな人にも、そういう星のような存在でいてほしい。**理想の存在として、ずっと追いかけていたい**。

理想の存在には付き物の幻想というものもあります。髪質がとてもさらさらしているとか、体も服も汚れひとつなく清潔であるとか、すれ違っただけでめちゃめちゃいい匂いがするとか。そういう幻想も大事にしているので、無闇に憧れの女性に接近して、幻想を壊してしまうようなこともしたくないんですよね。

こういう性格ですから、僕なんかは、**付き合って半年ぐらい経ってようやく手を繋ぐぐらいでいい**と思っています。

また、僕は超恥ずかしがり屋なもので、好きな人が隣で寝ていたりしたら、緊張で絶対に寝られなくなってしまいます。もしも同棲をするとなったら、寝室は絶対に分ける必要があるでしょう。

そもそも恋人に限らず、誰か他の人がいるだけで結構気になってしまいますし、寝ているときも小さな物音ですぐ起きてしまいます。まるで戦場にいるみたいですね。

今の時代にこういう人は珍しいでしょうから、僕のことは令和に迷い込んできた武士だと思ってください。そう思えば、自然な感じがしてくるのではないでしょうか。

全力の恋愛はしたくない

とはいえ、僕も最初からここまで悟った人間ではありませんでした。

恋愛を通じて、失敗したな、と思ったことがあったんです。

一六歳ぐらいの頃に、初めて人を好きになって、そのとき物凄く嫉妬をしてしまう自分に気づいたんです。嫉妬なんて僕が一番したくない心の乱れですよ。イライラとも似ています。

少し観察してみたところ、この嫉妬という感情は、自分が相手のことを好きな気持ちと比例することが分かりました。それで、嫉妬という感情に振り回されている自分が嫌になって、本気の恋愛をしたくないと思うようにもなったんです。

好きすぎて相手を束縛してしまうとかも嫌ですね。自分がされるのも嫌ですから。

そうなったときに、恋も腹も、八分目にしておくのがいいな、と思いました。

この八分目という目安は重要なポイントで、後の人生にも凄く役に立つ指針になっています。

格闘技にしても、それ一本だけでやっていたらバランスが悪くなるかもしれないし、競技を嫌いになったりする可能性もあるので、他のやりたいことと並行することがいい塩梅になっています。

とはいえ、格闘技に本格的に取り組むようになってはや一〇年近く。飽き性だなんだと言いながら、様々な工夫を織り交ぜつつ、事実上、全力を格闘技に注いできました。

こんな生活を送ってきたので、七年くらい恋愛らしきことはしないでいましたね。それこそ、キスの仕方を忘れてしまうほど長い空白期間ができていました。

しかし、これくらい忙しいときの方が、恋愛をするには好都合かもしれません。

この状態の僕と同じくらい忙しいなら、恋愛において、**相手に一〇〇パーセントのめり込んでしまうという危険性がなくなる**からです。

いったん誰かを本気で好きになってしまったら、その気持ちを自力で制御するというのは構造的に難しい。先ほど述べたように嫉妬に囚われてしまう可能性も出てくるし、それこそそんなに大切でない仕事であったら上の空になってしまうかもしれない。

ましてやることが何もなかったら、一日中その人のことを考えて過ごすような羽目に陥ってしまうかもしれない。

けれど、こういうのは男としてはどうかと思いますよ。別にそうやって悶々と過ごすことによって何かを生み出しているわけでもないし、ましてや成長しているということもない。そんな人が人間的に魅力的であるはずないですよね。

優しさの本質を
履き違えて、
人を傷つけては
いけない。

そして、全力で相手にのめり込んで、溺れてしまうこともあってはいけない。

仮に恋人がいたとしても、そんなたるんだ生活をしていては、相手の負担になるだけです。仕事なり何なりで夢を持って、そこに向かって頑張ることで、男としてしっかり自立しないといけません。

他にやることがない人は一人の女性を愛するようなことをしてはダメですよ。他にも没頭できるものを見つけて、バランスを取るようにしましょう。

ただし、浮気してバランスを取ればいいという意味ではないので、履き違えないように。

潔さが女性を惹き付ける

何事も腹八分目がよい。この気づきを与えてくれた最初の相手とも、結局別れました。理由は、相手の方が僕にのめり込んでしまったからです。

最初の恋人ですから、僕の経験の中では相当入れ込んだ相手だったと言えます。そんな稀有な相手でも、気持ちがなくなったらきっぱりと別れてしまいます。

僕の理想は、僕が相手のことをずっと思い続けることです。ところが、気付くと相手が僕のことを追いかけてきてしまっている。そうなると、僕が追いかける必要がないので、気持ちが冷めてしまうんですよね。

改めて分析してみると、意外とこういう性格が女性に受けているのではないかと思いました。

付き合ってみて、相手のことが好きになりすぎたことで振られてしまうとなると、振られた側としてはたまったものではないと思います。しかし、自分が好かれている側だとしたら、不釣り合いなくらい激しくアプローチされて引いてしまうということは十分にあり得るのではないでしょうか。もちろん、そういう風にされるのが好きという人もいるでしょうが、僕はそうではないんですよね。

別れるときもさっぱりしていますが、そもそも一途に相手のことを好いている状態でも、僕は**絶妙に冷たく、サバサバと接します**。つまり、潔いということです。

そういう風にできない状態になったらまずいので、腹八分目が大事だということでもあります。

具体的に考えてみましょう。意中の女性と遊びたいので、どこかに誘ってみるとします。相手ともっと仲を深めたいと思っていると、断られたときに食い下がったりグズグズしてしまったりすることがありえます。

僕はそういうときになよなよとした態度は一切取りません。「今日は無理」と言われたら、「あっ、わかった」と返事をして、**即時に気分を切り替えます**。

女性からしたらもう少し食い下がってくれた方が安心するかもしれませんけど、気持ちがないところでグダグダとやり取りをされても面倒なだけですよね。

僕はいつもこういう潔い態度を取るので、女性からしても悪い印象はないと思うし、僕に対して気持ちがあるんだったら、そっけない態度に不安を覚えて、自分から僕に声をかけたくなったりするのかな、と思います。

つまり、相手の方から追いかけたくなるという状態になるということです。

僕は恋愛のテクニックとしてこういうやり方をしているわけではなくて、生来の生き方としてこういう流儀を取っています。だから、ただそっけない態度を取ればいいと言いたいわけではありません。生き方として一本筋が通っていると、それを評価してくれる人もいるということです。

また、この本で書いているような恋愛観は、動画などを通じて外に出している話でもあります。こういう風に公言していると、会ったことがない人にも自分の考えを事前に伝えることができます。

好きなタイプは硬派な女性で、すぐに手を出したりもしない。ということが広く知られていれば、僕に対して遊び半分でちょっと声をかけてみよう、ということはしにくいのではないでしょうか。

逆に僕からしても、流儀に反してついうっかり魔が差しそうになっても、自分はこういう考えだからということを宣言しているからには、それを違えるわけにはいかないということで、抑止力になります。恋愛をするからには、自分も本気でいたいものです。

仲間は見つけるものではなく〝出会う〟もの

僕は基本的には個人主義ですが、人の意見を取り入れないわけでもないですし、YouTube を始めてからはよくチームで動いています。

自分が直接関わる範囲の人であれば、どういう人であっても、何かしら学びになるかもしれない。そもそも少数精鋭でいこうと思っているので、その分信頼度も増すと思っています。

仕事は友達とはやらない方がいいという話もありますが、**信頼できる仲間とやった方が僕の性には合う**な、と思います。

第四章ではチームメンバーについて、主にキャラクター面から紹介しましたが、ここでは出会いの面から少し触れたいと思います。

佐々木くんはもともと YouTube をやりたいと考えていた人でしたが、YouTube を始めるにあたって出会ったわけではなく、格闘技を一緒にやっている仲間だった、というのも大きなポイントでした。

もちろん格闘技をやっているだけではダメで、僕が持ちかける前からYouTubeをやりたいと思っているという、そういう意欲があったのもよかった。

彼と一緒にYouTubeを始めてからは、それこそ寝る間も惜しんで一緒に撮影や編集に取り組みました。そういう情熱的なところもとてもいいと思います。

たくまとはもっと古い付き合いです。彼とは喧嘩で出会いました。

僕は豊橋をほとんど制圧していたんですが、なぜか豊橋のクラブで暴れているやつがいると連絡を受けて、そこに行ったらいたのがたくまでした。彼は県外で三年間柔道をやっていて、腕に自信があったようです。そこで僕と拳を交えて、それから仲良くなりました。

彼はヤンキーが嫌いで、そういう連中を制するために不良のふりをしていたんですが、不良になりきれていなかった。ある種のピュアさが見えました。そして、不良になるために不良をやっていたわけではない僕自身との共通性も感じました。

だというのに、不良のふりをして、しなくてもいいヤンキー狩りをしてしまっているのが、何だか気になりました。だから、彼にも色々楽しいことを教えてあげたいな、と思ってよく遊びに誘うようになりました。山に行ったり、海に行ったり、健全な遊びばかりでした。

喧嘩した相手は無数にいるけど、たくまは特別な感じでしたね。特にいいと思ったのは志の高さです。一般の人生で満足する気はないっていうことを昔から言っていた。そういう話ができる友達は他にいなかったんですよ。

僕は三〇歳までに億を稼ぎたいと思っていて、具体的にそれをどうやるかというところまで考えを巡らせていました。こういう野望を夢物語ではなく現実的に考えている人はほとんどいなかった。現場の仕事で親方になりたい。それもいいと思うけど、それ以上のことを考えている人と話したかった。

これはもし東京に出てこなかったらという話ですが、そのときはたくまたちと一緒に飲食店を経営しようと思っていました。経営側に回りたいと考えていたんです。ただ、その時期は僕が格闘家として上り調子だったので、東京に行って、大晦日にテレビで中継されるような舞台で試合をするという夢も叶えたかった。だから上京するという選択をしました。その後 YouTube を始めて、地元に残っていたたくまをむしろ呼び寄せることができたのは、とても嬉しいですね。
仮に YouTube でなくとも彼とは何かをいっしょにやったかもしれませんが、とりわけ YouTube のような企画に取り組む上では、ぜひ一緒にやりたい仲間の一人が彼でした。

朝倉未来にとって友達とは

僕にとって友達というのは、普通の人が言うところの親友に近いですね。それ以外は知り合いとか、仕事の関係者という感じです。

だから友達というのはとても大切で信頼できる、生きがいのような存在です。お互いのことを分かり合っていて、しばらく連絡を取らないまま何年か経っていても、そのままの雰囲気でまた再会できる人たちです。

生きていくだけなら、別に友達はいらないんですよ。友達に依存するということはない。

そして友達だと思う人を具体的に考えると、やはりその人たちも一人で生きていける。だからこそ信頼できると思うし、もし何か困っていることがあったら助けてあげたいとも思います。

こういう存在も狙って作れるものではないし、付き合いの期間もとても大切です。僕自身を振り返ると、一〇代の青春時代に出会っていまだに付き合いがある人ばかりです。そうすると、楽しかった思い出も共有しているし、出会ってよかったなと思います。

ただ、強いて言えば、もしかしたら友達になれた人というのはもっといたのかもしれない、とは思いますね。自分は性格的に八方美人ではないし、格闘技に打ち込んでいたということもあって、人間関係をむやみに広げたりはしてこなかった。

それで後悔しているということは一切ないんですけど、僕がもっと年老いて、人生の中でも余生に入ったら、若い頃にはやれなかったこととして友達を少し増やしてみても、いいのかもしれないないとは思います。

すぐ側にいる尊敬できる人

ジムの仕事は初めての接客業ということもあって、なかなか慣れなくて大変な面もありました。

もともとは設備の仕事をやっていたので、敬語も使えなかったというレベルからのスタートです。赤坂のジムなので客層も少し裕福な人が来る傾向にあり、今までとは求められる振る舞いが違いました。

ただ、持ち前の分析力などもあり自然に順応していきました。とても楽しく仕事ができています。

インストラクターなのであまり手取り足取り教えるということはないんですが、一緒の空間で運動しているだけで楽しいですし、それを通じて会員さんが痩せていったりするのを見ると、この会員さんの人生をよい方向に変えていっているんだなと思えます。もちろん、格闘技で本当に強くなりたいという人にはしっかり教えます。

楽しいとはいえ、格闘技のファイトマネーもあるだろうし、今ではYouTubeの収入もあるだろうに、なぜ正社員として働いているのか、とはよく言われます。

ここには大きく二つの理由があります。

一つは、正社員として**働くことを軸にした現在の規則正しい生活が、僕にとって大切なものだから**です。今は、朝五時に起きてジムに練習に向かい、その後に仕事をして、家に帰り、夜九時には寝るという生活をしています。たまに仲間と朝まで酒を飲んだり、旅行に行ったりして少しイレギュラーなスケジュールで過ごしたりすることもありますが、そうすると普段の規則正しい生活が恋しくなります。

やるべきことをやっている生活は、非常に自分の中でしっくり来ます。どんなにお金持ちになったとしても、この軸がぶれることはないのではないかと思います。

もう一つは、勤務先である**トライフォース赤坂のオーナーである、堀鉄平さんをとても尊敬しているから**です。僕はオーナーを目標にしています。

彼は弁護士をやっていて、THE OUTSIDER にも出場したことのある格闘家でもあったし、また不動産投資や保育所の経営なども手掛けていて、稼ぐ能力がとても高い。その背景に僕と同じような自由への希求があって、しかも偉くなっても驕《おご》っているところがない。下の意見をしっかり聞いたり、細かい命令をせずに仕事を任せてくれたりする。そういう考え方が素晴らしいし、人として凄いと思っています。

それから、堀さんがよく言っている言葉が印象的なんですよね。「**同じ会社で働いている人には幸せになってほしい。そうするのが生きがいだ**」と。僕も最近になって、その気持ちが分かるようになってきました。

こういう人に仕事を任されると、何も言われなくても「会員さんを増やすために頑張ろう」と思えるんですよ。それって、とても凄いことですよね。だから僕もそういう風に慕われる人になりたいんです。

振り返ってみると、堀さんと出会えたことは、僕の人生のターニングポイントでした。もともと、僕が東京に出てくることになったのも、堀さんが「おいでよ」と言ってくれたからです。

僕自身は、THE OUTSIDER時代にはあまり堀さんとは面識がなかったんですが、弟が堀さんととても仲良くしていました。その関係で僕にも声をかけてくれたんですが、今の自分があるのはその誘いのおかげなので、本当に感謝しています。

おわりに

最近、僕の動画を見て頑張ろうと思った、というようなメッセージをもらうようになりました。それを見ると、世間にいい影響を与えられていると思います。

別に僕に憧れなくてもいいし、僕の真似をしてもらいたいわけでもない。でも僕の動画を見て立ち上がってくれる人がいるなら、それ自体は嬉しいですね。やっぱり、何かを達成するためには努力がいりますから。

僕は努力を続けられるような工夫として、楽しんだり飽きが来ないようにしたりということを模索してきました。が、楽しんでいたからといって、大変じゃなかったわけではない。むしろ、相当な努力をして今ここにやってきたのだと思います。やっぱり過去に戻って同じ苦労をやり直したいかと言えば、やり直したくないですから。

今の僕と同じくらいの成功をするには、諦めなければいけないことや我慢しなくてはいけないことを見極めつつ、全力を懸けられるような一つの夢を見出す必要があります。

横を見て、遊んでいたり楽しんでいたりする他人のことが羨ましくなることもあると思います。けれど、そういう人と同じことをしていては成功はできない。

自分で選んだ人生ではありますが、僕は不良としての少年時代を送りました。少年院に入ったこともあります。

そんな僕でも、夢に向かって全力で頑張ることで、数々の夢を叶えることができました。今も、新しい夢に向かっている最中です。

人によっては、環境が悪くて燻ってしまっていたり、賢さや高い運動能力を持っているのに不良になってしまっている人もいると思います。そんな状況からでも、あなたに夢があるならば、きっと立ち上がることができます。

僕の存在が、そんな風に環境によって歩みを阻害されてしまっているみなさんの、希望になってくれればと思います。

夢に向かって立ち上がるなら、僕は応援します。さあ、歩き始めましょう。

朝倉 未来

明日からでも、
そしてこの本を
読んだ瞬間から
でも、あなたは

変わりうると思います。

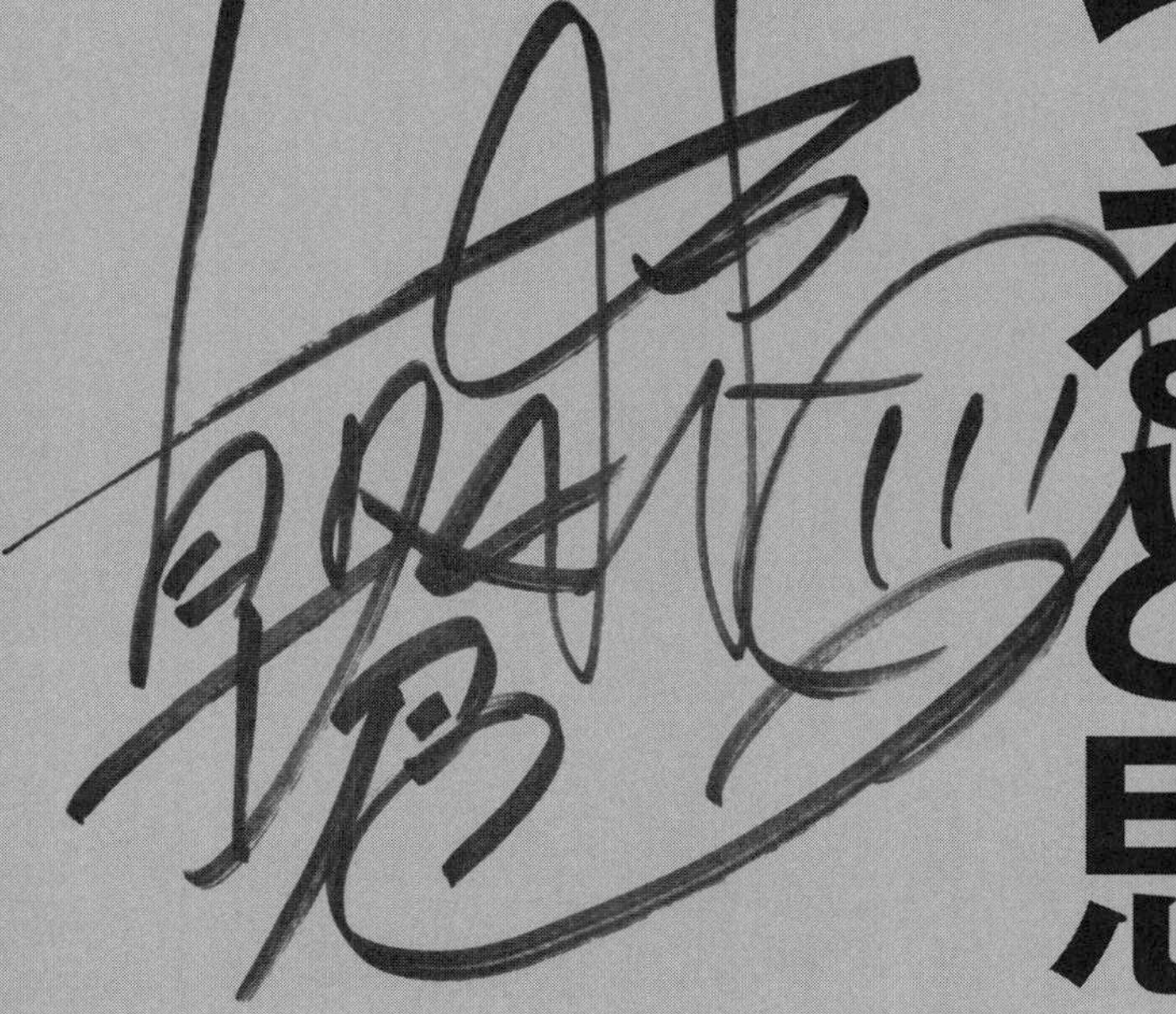

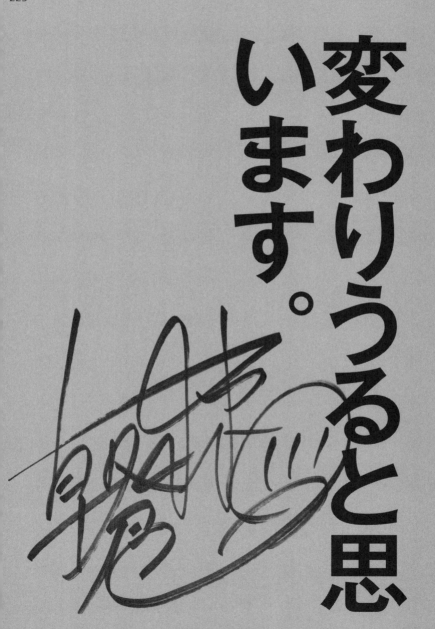

朝倉　未来（あさくら　みくる）
総合格闘家、YouTuber。階級はフェザー級。1992年愛知県豊橋市生まれ。喧嘩に明け暮れた中学・高校時代を送り、「路上の伝説」とも称される。2013年にTHE OUTSIDERに参戦、史上初の二階級王者となる。2018年にRIZINデビュー、2019年末時点で６戦全勝。トライフォース赤坂に所属し、同ジムのインストラクターも務める。2019年５月にはYouTuberとして活動開始。2020年１月にはチャンネル登録者数66万人、投稿動画の総再生数が１億回を突破した。実の弟に同じく総合格闘家の朝倉海がいる。

YouTubeチャンネル：朝倉未来 Mikuru Asakura
Twitter: @MikuruAsakura
Instagram: mikuruasakura

強者《きょうしゃ》の流儀《りゅうぎ》

2020年２月27日　初版発行
2022年10月20日　12版発行

著者／朝倉《あさくら》 未来《みくる》

発行者／堀内 大示

発行／株式会社KADOKAWA
〒102-8177　東京都千代田区富士見2-13-3
電話　0570-002-301（ナビダイヤル）

印刷所／大日本印刷株式会社

●お問い合わせ
https://www.kadokawa.co.jp/（「お問い合わせ」へお進みください）
※内容によっては、お答えできない場合があります。
※サポートは日本国内のみとさせていただきます。
※Japanese text only

定価はカバーに表示してあります。

ISBN 978-4-04-604696-3　C0030